CURSO PRACTICO DE VALORACIONES

De acuerdo con la Orden ECO/805/2003
(y modificaciones introducidas por la EHA/3011/2007 y por la EHA/564/2008)

Por Sergio Franco Bastianelli

1º edición julio 2003
2º edición septiembre 2006
3º edición octubre 2007
4º edición mayo 2012

Copyright © 2002-2007-2012 Sergio Franco Bastianelli
Registro de la Propiedad Intelectual nro. VG-93-02
Depósito legal VG 393-2012
ISBN 978-84-615-5132-3

INTRODUCCIÓN

Presentación

Este curso está dirigido a todos aquellos interesados en conocer la metodología y los fundamentos teóricos y legales en los que se basan las técnicas valorativas actuales de bienes inmuebles, muebles y derechos reales.

Se hace especial hincapié en las valoraciones que puedan realizarse para una Sociedad de Tasaciones de acuerdo con la Orden ECO/805/2003 y sus actualizaciones (EHA/3011/2007 y EHE/564/2008): créditos hipotecarios, embargos de la Administración Pública, etc.[1]; por constatar la falta de personal suficientemente capacitado.

El curso es eminentemente práctico, con ejemplos de casos reales explicados paso a paso. Su carácter práctico no está reñido con algunos conceptos teóricos que consideramos necesarios para entender la metodología aplicada y la filosofía que existe detrás de la valoración de un bien o un derecho.

Otros temas tratados son las responsabilidades legales y las competencias profesionales, así como una serie de consejos para aquellos que decidan iniciarse como profesional de las valoraciones.

Para evitar molestas conversiones, en los ejemplos se utilizan Unidades Monetarias (UM). Se hace una obligada excepción en el punto 4.2, para explicar el cálculo del valor máximo legal de viviendas protegidas.

Agradecemos sinceramente a la Universidad de Vigo por haber confiado en nosotros para la realización de los tres cursos online que hemos impartido de forma conjunta.

Finalmente, todo el equipo que contribuyó con su dedicación y esfuerzo a la materialización de este curso que tienes en tus manos y yo, como coordinador, queremos agradecerte que hayas decidido comenzar tu capacitación en el campo de las tasaciones con este trabajo.

El autor
Mayo 2012

---

[1] ECO, Art. 2.a: ámbito de aplicación.

Contenido de las Unidades Didácticas

Unidad Didáctica 3: Valoración de bienes muebles

3.1 Valoración de Derechos Reales.
        3.1.1 Introducción.
        3.1.2 Clasificación.
        3.1.3 Valoraciones administrativas.
            3.1.3.1 Usufructo, uso y habitación.
            3.1.3.2 Servidumbre de paso.
            3.1.3.3 Tiempo compartido.
            3.1.3.4 Concesiones administrativas y Derechos de Superficie.
            3.1.3.5 Traspasos.

3.2 Valoración de Bienes Muebles.
        3.2.1 Introducción.
        3.2.2 Valoración de vehículos.
            3.2.2.1 Informe de tasación.
        3.2.3 Valoración de mobiliario.
            3.2.3.1 Informe de tasación.

3.3 Resumen y comentarios.

Autoevaluación.

Unidad Didáctica 4: Valoración de bienes inmuebles

4.1 Valoración de Inmuebles.
        4.1.1 Solares y Terrenos.
            4.1.1.1 Metodología de cálculo.
        4.1.2 Viviendas. Locales. Oficinas.
            4.1.2.1 Metodología de cálculo.
        4.1.3 Naves industriales.
            4.1.3.1 Metodología de cálculo.
        4.1.4 Promociones inmobiliarias.
            4.1.4.1 Metodología de cálculo.

4.2 Valoración de Viviendas protegidas.
        4.2.1 Introducción.
        4.2.2 Cálculo del valor máximo legal.

4.3 Fincas rústicas.
        4.3.1 Introducción.
        4.3.2 Metodología de cálculo.

4.4 Certificaciones de obra.
        4.4.1 Introducción.
        4.4.2 Metodología de cálculo.

4.5 Resumen y comentarios.

Anexo: Trabajando en Valoración

Competencias.
¿Quiénes pueden tasar?
Trabajando de tasador/a.
Primeros pasos.
Tengo trabajo!
Direcciones útiles.

Epílogo.
Fuentes Consultadas.

1.1.1. Introducción

La tarea de determinar el valor de un bien parece, a simple vista, algo sencillo.

Sin embargo, el VALOR está afectado por una serie de factores intrínsecos y extrínsecos, en cierto grado subjetivos, que exigen que el Tasador posea conocimientos no siempre relativos a su profesión. Por ejemplo:

A.- Las fluctuaciones macroeconómicas repercuten de forma directa e inmediata en el mercado inmobiliario, restringiendo o expandiendo la relación oferta/demanda de, por ejemplo, el mercado de viviendas.

Debemos estar al corriente de las fluctuaciones en la actividad económica de nuestra región y/o área donde desarrollaremos nuestro trabajo.

B.- La actividad legisladora en materia urbanística y calificadora de suelo ejercida por las administraciones públicas incide de forma muy importante en las alteraciones del valor del suelo.

Debemos estar al corriente de las estrategias en materia de suelo llevadas a cabo por las administraciones públicas y que tienen influencia en nuestro ámbito de trabajo, así como también de las modificaciones que se vayan produciendo en la legislación vigente.

C.- A nivel microeconómico, la modificación de la actividad socioeconómica de una zona concreta -por ejemplo a causa de la implantación de una nueva superficie comercial o una industria, por la construcción de un nuevo vial o por la construcción de viviendas sociales- modifica sensiblemente el valor del bien.

Debemos conocer la actividad económica de nuestra zona de trabajo y estar atentos a sus posibles modificaciones.

D.- La adquisición de un bien lleva aparejada la realización de una serie de trámites y cumplimiento de requisitos legales. Por ejemplo, la inscripción en el Registro de la Propiedad o la compra de la tarjeta de transporte para un vehículo de carga.

> Debemos conocer algunos de los trámites que son necesarios para poder decidir si nos falta algún documento importante que influya en la determinación del valor.

E.- Conocer el valor del bien implica, además de conocer su valor de mercado, conocer su valor a nuevo.

> Debemos conocer los costes actualizados y reales de construcción o adquisición del bien, ya sea por medio de publicaciones especializadas o recurriendo a información de primera mano del sector que se trate.

F.- Debemos refrescar/adquirir conocimientos estadísticos y de matemática financiera. Nos serán muy útiles para determinar el valor del bien en algunos casos.

> Debemos saber cómo aplicar los coeficientes de depreciación y por qué.
> Debemos entender el concepto de Valor de Actualización (VA) y de qué forma influye, en algunos casos, en el valor de tasación.
> Debemos poder confeccionar un flujo de caja con los ingresos y egresos de una promoción.

Y así podríamos seguir enumerando algunos aspectos más, pero éstos deberían ser suficientes para comprender la interdependencia que posee el valor de un bien con otros elementos aparentemente ajenos a él y a nuestra profesión.

Como se ha dicho, este curso es eminentemente práctico pero, y prometo ser breve, antes de comenzar de lleno con las valoraciones, es necesaria una introducción teórica -una de las pocas a lo largo del curso- que ayude a comprender los procedimientos de aplicación y la metodología utilizada en la reglamentación vigente, y, como ya se ha señalado, la filosofía que hay detrás de los conceptos teóricos.

Comenzaremos con aspectos generales para centrarnos luego en lo particular.

Se exponen a continuación una serie de fundamentos legales y conceptuales del **'valor'** de la cosa a tasar para luego continuar con los **métodos existentes** y su ámbito de aplicación, tanto en las tasaciones para particulares como en las tasaciones para entidades financieras; utilizando la legislación vigente en el caso de estas últimas.

Para los que deseen profundizar en los aspectos teóricos que sostienen estos conceptos, existe muy buena bibliografía cuyo listado figura en Anexo.

1.1.2. Valor de un bien

Llamamos **'valor'** de un bien inmueble o derecho real a la cantidad que el mercado está dispuesto a pagar, en unidades monetarias, por ese determinado bien o derecho en un momento concreto. Este valor es siempre libre de cargas y gravámenes.

> No vale lo mismo un bien afectado por una servidumbre de paso que otro sin afecciones, ni aquel bien con una carga hipotecaria que otro libre de ella. Por lo tanto, en este caso, habrá que determinar cuánto vale la afección, la carga que tiene el bien, para descontarla del valor de mercado y obtener el valor real.

El bien a valorar depende principalmente de la variable "tiempo" -valor de mercado-; lo que se llama **Principio De Temporalidad**. [2]

> Distintas situaciones económicas, sociales, etc. a lo largo de un período de tiempo o de forma puntual hacen variar, en algunos casos sustancialmente, el valor de mercado. El valor depende de la variable "tiempo".

1.1.3. Clasificación de bienes y derechos reales

Los bienes y derechos reales se pueden clasificar como:

1. Bienes Inmuebles:

Suelo rústico: suelos con aprovechamiento agropecuario.
Suelo urbano: suelos calificados por algún tipo de instrumento urbanístico.
Edificaciones en general.

---

[2] Art. 3, Orden ECO/805/2003

2. Derechos reales: [3]

2.1. Usufructo, nuda propiedad, habitación
2.2. Servidumbres
2.3. De superficie
2.4. De vuelo
2.5. De concesión
2.6. De la hipoteca
2.7. De la anticresis
2.8. De tanteo
2.9. Opción de compra
2.10. Tiempo compartido
2.11. Compromiso de compra a plazos
2.12. Limitaciones de dominio

La *normativa de valoración* vigente *define* el **Principio de Finalidad**; es decir, la finalidad de la valoración condiciona la metodología y el resultado obtenido.

Es éste un aspecto muy importante y aquí entra en juego la capacidad legislativa del Estado a la hora de determinar el valor de la cosa para ciertas finalidades. A una de estas finalidades está dedicado este curso: el mercado hipotecario (Valoración para determinadas Entidades Financieras). Aquí ya no entra en juego el valor que la cosa tasada pueda tener en el mercado, sino que el Estado fija la metodología a aplicar para determinar su valor, favoreciendo la compatibilidad entre tasaciones y criterios de los tasadores (La legislación vigente hace especial hincapié en este asunto).

Hasta aquí ya hemos definido en pocas líneas dos principios básicos de la teoría de la valoración: el **Principio de Temporalidad** y el **Principio de Finalidad.**

Existen diferentes tipos de valoraciones que se enumeran a continuación con fines informativos:

Valoraciones mercantiles.
Valoraciones fiscales.

---

[3] Casi todos están contemplados en la Orden Ministerial ECO/805/2003, como veremos más adelante

Valoraciones a efectos expropiatorios.
Valoraciones catastrales.
Valoraciones legales.
Valoraciones libres.
Valoraciones para determinadas entidades financieras como garantías hipotecarias.

Además de los dos principios básicos comentados, **Temporalidad y Finalidad**, existen otros contemplados en la ECO. Son algunos de ellos:

Principio de Prudencia: se aplicarán los menores valores obtenidos, no se computarán plusvalías previstas y se aplicarán correctamente las depreciaciones.

> El valor real es el actual, objetivo y sin tener en cuenta posibles revalorizaciones. Ante la duda entre varios valores posibles, siempre elegimos el menor de ellos.

La modificación introducida por el Artículo único de la EHA/564, agregando una Disposición Adicional Séptima a la ECO esta motivada exclusivamente para asegurar la correcta aplicación de este principio a casos concretos de expropiación forzosa de un inmueble.

Principio de Máxima Utilidad o de Mayor y Mejor Uso: el valor se calcula tomando como base el mejor uso posible.

> Esto se entiende muy bien con un ejemplo de suelo urbano: cuando valoramos el precio de un solar, su Máxima Utilidad o su Mayor y Mejor Uso será aquel que aprovecha TODA LA EDIFICABILIDAD prevista según la legislación urbanística que le sea de aplicación, independientemente de lo que esté edificado sobre él.

Principio de Equivalencia Funcional o de Sustitución: el valor de un inmueble es equivalente a otro de similares características físicas y constructivas y con similar función.

Principio de Adición o de Valor Residual: el valor total es la suma de los valores parciales de los elementos de distinta o igual naturaleza que lo forman, y su coste es la suma de los factores de producción necesarios para su construcción. (A tratar cuando valoremos suelos -punto 2.4-).

1.1.4. Definiciones

A lo largo del curso, y durante el ejercicio de nuestra profesión, utilizaremos una nueva terminología que debemos conocer. Algunos de estos términos son: [4]

- **Valor de Mercado o Venal**: es el precio que un comprador está dispuesto a pagar por ese inmueble en un determinado momento, libre de cargas y gravámenes. Se trata de determinar el valor de mercado tomando como base la media ponderada del valor de inmuebles semejantes (comparables) al objeto de valoración, afectados por los correspondientes coeficientes que adapten dichos inmuebles al bien a valorar (ubicación, calidad, superficies, etc.). A mayor cantidad de bienes incluidos en la media, más exacto será el **Valor de Mercado**. Se aconseja utilizar no menos de 6 valores. (Se desarrollará cuando abordemos el Método de Comparación - punto 2.1).

- **Valor de Reposición**: es el coste que se debería afrontar para construir un inmueble de similares características físicas y constructivas, depreciándolo por la antigüedad correspondiente al bien a tasar. Es decir, una vez calculados los valores de suelo y construcción, y hallado el **Valor Total de Reposición**, deberemos afectarlo del coeficiente de depreciación (1% por año de vida del bien a valorar para el caso de viviendas) para ajustarlo al valor que tendría el bien que se está valorando. También denominado **Coste de Reposición**.

- **Valor de Renta**: es el valor del bien en función de las rentas que se obtienen por él, obtenido por capitalización de las mismas respecto a una tasa de mercado para su capitalización. También llamado **Valor de Producción o de Capitalización**.

- **Valor de Repercusión**: se aplica al valor del suelo y resulta de dividir el valor total del mismo por las unidades de construcción en metros cuadrados que es posible construir (U.M./m^2), atendiendo al *Principio de Máxima Utilidad* (Comentado antes).

- **Valor Máximo Legal (VML)**: es el precio máximo de venta de un inmueble o vivienda sujeto a protección pública, según los módulos correspondientes para cada Comunidad Autónoma vigentes en el momento de realizar la tasación.

---

[4] Pueden verse todos los términos en el Artº 4 de la ECO.

Depreciación física: también llamada *Amortización* cuando se habla de bienes muebles. Es el resultado matemático de envejecer el valor de la construcción a nuevo (solamente la construcción, ya que el suelo no envejece) del bien a valorar en función de su antigüedad, estado de conservación y duración de sus elementos, por la cantidad de años de antigüedad real, de acuerdo a una vida útil determinada por la normativa de aplicación. De ello resulta que, para el caso de viviendas (vida útil 100 años), la depreciación es del 1% anual.

Otros valores de vida útil según el uso son:

Oficinas:	75 años
Edificios comerciales:	50 años
Uso industrial y explotación económica:	35 años

Coste de Reposición Bruto: es el coste actual del inmueble, si éste fuese construido el día de hoy con técnicas constructivas y materiales similares al del bien a tasar. Incluye coste de construcción, gastos y valor del suelo.

Depreciación funcional: deducción que se realiza sobre el CRB de un bien atendiendo a su defectuosa adaptación a la función a que se destina.

Coste de Reposición Neto: se trata del valor anterior, con la aplicación al coste de construcción de la depreciación correspondiente según uso y edad.

Método de Comparación: es la metodología utilizada para hallar el Valor de Mercado, explicado más arriba.

Método del Coste: utilizado para calcular el precio del edificio nuevo y comentado más arriba.

Método de Actualización de Rentas: explicado más arriba y utilizado para hallar el valor de un bien en arrendamiento.

Método Residual: procedimiento utilizado para hallar el valor de repercusión del suelo cuando no existen datos de mercado fiables o suficientes del mismo. Consiste básicamente en el cálculo de una promoción tipo, conociendo los costes de construcción, gastos, ingresos por venta y beneficio esperado.

- **Inmuebles ligados a una explotación económica:** son edificios o elementos de los mismos de uso monovalente, que pueden estar vinculados a una explotación económica. Entre otros se incluyen: instalaciones industriales y de producción agraria, aparcamientos, inmuebles hoteleros, hospitales, instalaciones recreativas, etc.

- **Elementos de un edificio:** es toda unidad física, funcional o registral que forma parte de un edificio compuesto por más unidades destinadas al mismo u otros usos y que sea susceptible de venta individualizada.

- **Superficie útil:** es la superficie del inmueble sin incluir los paramentos ni la tabiquería. Incluye la mitad de la superficie de los espacios exteriores de uso privativo (balcones, tendederos, etc.). Excluye la superficie ocupada en planta por cerramientos interiores fijos, por elementos estructurales verticales y por las canalizaciones o conductos con sección horizontal superior a 100 centímetros cuadrados, y la superficie cuya altura libre sea inferior a 1,5 m.

- **Superficie construida:** es la superficie útil definida en el punto anterior sin excluir la superficie ocupada por los elementos interiores mencionados e incluyendo los cerramientos exteriores al cien por cien, o al cincuenta por ciento, según se trate, respectivamente, de cerramientos de fachada o medianeros; y, en el caso de elementos del edificio, la parte proporcional que les corresponda según su cuota en la superficie de elementos comunes del edificio.

- **Superficie comprobada:** es el área medida por el tasador.

- **Superficie catastral:** la obtenida de la información catastral.

- **Vida útil:** es el plazo durante el cual un inmueble estará en condiciones de ser usado para el fin que se destina.

- **Valor de mercado o CRB para la hipótesis de edificio terminado:** es el valor de mercado o el coste de reposición bruto que previsiblemente podrá alcanzar un edificio en proyecto, construcción o rehabilitación en la fecha de su terminación.

- **Valor Hipotecario:** es el valor de un inmueble determinado teniendo en cuenta las características especulativas o volátiles del mercado actual.

- **Valor de Tasación:** es el valor que la ECO establece como tal para cada tipo de inmueble o bien a valorar.

Homogeneización: es un procedimiento por el cual se analizan las características de los inmuebles comparables con las del inmueble objeto de valoración.

Comparables: son aquellos inmuebles que por sus características de similitud con el objeto a valorar, son utilizados para la homogeneización. También se los denomina testigos.

Actualización de una Tasación: es la revisión de una tasación anterior, realizada por la misma entidad tasadora, dentro de los dos años de la fecha de emisión. Es motivada por la modificación de las advertencias y/o condicionantes de la tasación original.

Algunos de estos conceptos serán retomados más adelante.

1.1.5. Informe de Valoración. Aspectos formales, contenidos mínimos.

La elaboración del **Informe de Valoración** requiere conocer los distintos apartados que componen el mismo de manera que, de forma clara, ordenada y concisa, se determinen la naturaleza y ubicación del bien, se justifique el método de valoración, se aplique el método elegido, se calcule el valor del bien y, por último, se hagan las aclaraciones y/o observaciones que se crean convenientes (condicionantes y advertencias).

La enumeración de cada una de las secciones en que se divide el informe de tasación la tomaremos de la legislación vigente, la **Orden Ministerial ECO/805/2003 y sus modificaciones del 17/10 y del 4 de febrero de 2008** [5] que regula, entre otras, las valoraciones con finalidad de garantía hipotecaria [6] . Si bien se trata de una reglamentación específica, la utilizaremos como un referente de contenidos mínimos para todas las tasaciones.

Es conveniente, a partir de este punto y para una mejor comprensión, acompañar esta lectura con la ECO para ampliar los conceptos, ya que sólo haremos una enumeración sucinta de cada uno y una breve descripción o comentario de algunos de ellos. Podrás seguir este tema a partir del Artº 65.

---

[5] Orden EHA/3011/2007 y Orden EHE/564/2008
[6] Ver Artº 2 de la ECO: "Ámbito de Aplicación".

El informe de valoración deberá constar como mínimo, de los siguientes apartados:

1.- Solicitante y finalidad

Se indicará quién es la persona que ha encargado la tasación y con qué finalidad legal la ha solicitado.

2.- Identificación y localización

Se consignarán los datos correspondientes a la localización del inmueble objeto de la tasación, así como los de su identificación registral y catastral.

Se indicará si se trata de inmuebles terminados, en proyecto, construcción o en rehabilitación, y si la tasación afecta a un solo edificio o elementos del edificio, o a varios agrupados en un único complejo o en el mismo edificio.

3.- Comprobaciones y documentación.

Se indicarán las comprobaciones realizadas y la documentación utilizada para la confección del informe.

4.- Localidad y entorno

Se indicarán las características básicas del municipio y, en su caso, de la localidad donde esté situado el inmueble. Se delimitará el entorno del inmueble indicando sus rasgos básicos: características territoriales, nivel de renta, rasgos de homogeneidad y usos dominantes, infraestructuras, equipamiento y servicios, comunicaciones, transportes públicos y aparcamientos, etc.

5.- Descripción y superficie del terreno

Se consignarán necesariamente la superficie comprobada por medición por el tasador, la que figure en la documentación registral y la superficie catastral. Se indicarán las obras de infraestructura de las que esté dotada la parcela, así como las pendientes de realizar en el momento de la tasación.

6.- Descripción y superficie de la edificación

El tasador describirá el inmueble objeto de tasación indicando todas aquellas circunstancias que puedan influir significativamente en su valor. Dicha descripción incluirá, al menos, los siguientes datos:

- ◆ Distribución de las edificaciones o servicios en la parcela.
- ◆ Tipología de la edificación.
- ◆ Superficie total.
- ◆ Número de plantas y distribución básica, usos y superficie de cada una de ellas.
- ◆ Elementos comunes.
- ◆ Servicios generales internos.
- ◆ Atendiendo a sus usos, las circunstancias específicas que sean más relevantes para cada uno.

Se consignarán las superficies registrales que definan la edificación, cuando existan, y las comprobadas por el tasador. En cualquier caso, deberá expresarse como mínimo la superficie útil o construida. Se utilizará siempre la superficie comprobada. En caso de que no sea posible, se adoptará la menor entre la registral y la catastral. Si la superficie comprobada excediese el 5% de la registral o de la catastral, se deberá verificar la adecuación del inmueble a la normativa urbanística vigente. [7]

Se describirán las características constructivas del edificio o elemento del edificio.

Se señalará la antigüedad de la edificación. Si no se conociese con exactitud, se estimará de forma aproximada.

7.- Descripción urbanística

Se indicará el grado de adecuación de las características físicas de la edificación a la normativa urbanística vigente y, expresamente, si los usos a que está destinada están autorizados por aquélla.

---

[7] Orden EHA/3011/2007. Art. Único. Pto.3

8.- Régimen de protección, tenencia y ocupación

Se indicara el estado de ocupación del inmueble, con las características y vigencia de la misma. En la valoración de viviendas sujetas a algún tipo de protección pública que limite su precio de venta o alquiler se indicará el tipo de protección que les afecta y su valor máximo legal en la fecha de la tasación.

Se indicará si la edificación alberga una actividad económica y, en caso de ser así, de qué clase es ésta. Se señalarán también su estado de conservación y los deterioros existentes en la edificación o en sus instalaciones.

Se indicará también si existe alguna limitación urbanística o legal que limite su precio de venta.

9.- Análisis de mercado

Como consecuencia de la investigación realizada, el tasador describirá las características del segmento del mercado inmobiliario relativo a los inmuebles comparables -por localización, uso y tipología- con el que sea objeto de tasación; así como las expectativas de oferta-demanda y de revalorización del mismo.

10.- Datos y cálculo de los valores técnicos

En este apartado se indicarán los métodos y criterios utilizados.

Método de comparación: se incluirán los datos de al menos 6 inmuebles comparables y los coeficientes y criterios utilizados para la homogeneización.

Se utilizará para determinar el valor de mercado de los edificios y de los elementos de edificios, salvo cuando estén ligados a una explotación económica o cuando se trate de inmuebles arrendados.

Método de actualización: se indicará la información utilizada para determinar las rentas esperadas, los ratios medios empleados y los flujos de caja.

Método residual: se indicarán los valores en venta, los costes de construcción y plazos y tasas utilizadas en el cálculo.

11. Valores de tasación, condicionantes y advertencias

Se expresarán el valor de tasación resultante teniendo en cuenta su finalidad, los condicionantes y advertencias que pudieran existir y el valor mínimo del seguro de incendios (ver 2.2.4)

Utilizaremos "Condicionantes" y/o "Advertencias", en caso de no poder conseguir parte de la información o documentación que exige la ECO y que sea determinante para la validez del valor obtenido del bien. En estos apartados se deja constancia de aquellos documentos que no hemos podido conseguir, *condicionando* la validez del valor obtenido a su obtención posterior y *advirtiendo* de esta circunstancia. [8]

Son condicionantes de una tasación, entre otros:

QUE no se haya podido identificar físicamente el inmueble.
QUE no se haya comprobado la descripción registral.
QUE no se haya comprobado la superficie catastral.
QUE no se haya comprobado la superficie utilizada en el informe.
QUE no se hayan comprobado las servidumbres visibles.
QUE no se haya comprobado el estado de conservación del inmueble.
QUE no se haya comprobado el planeamiento vigente.
QUE el inmueble no se adecue al planeamiento vigente.
QUE no se haya comprobado el estado de ocupación.
QUE el inmueble esté ocupado por persona distinta al propietario o alquilado y se desconozcan los datos del arrendamiento o no exista contrato.
QUE en una VPO no se haya podido calcular su Valor Máximo Legal (VML).
QUE no se haya dispuesto de la documentación mínima para tasar.

Nótese que estos Condicionantes podrán ser "levantados" (subsanados) posteriormente, originando la emisión de un nuevo informe y certificado.

Son advertencias de una tasación, entre otros:

QUE existan discrepancias entre la realidad física y la descripción registral o catastral.
QUE no se pueda determinar su uso o explotación.
QUE no esté conforme al planeamiento vigente.

---

[8] La ECO los enumera y describe en los Artº 9 a 14. Ver las modificaciones introducidas por la EHA/3011 que en su punto 8 modifica el Artº 11 de la ECO.

- QUE las licencias de construcción contengan condicionantes que, de no cumplirse, originen modificaciones en el valor.
- QUE no exista referencia catastral o no pueda ser conocida.
- QUE se utilicen métodos de valoración diferentes a los contenidos en la ECO.

12.- Fecha de emisión, caducidad y firmas

Finalmente, se indicará la fecha en que se realizó la visita al bien, la fecha de emisión y caducidad del informe (6 meses), nombres y apellidos de la persona que realizó la visita y del técnico que suscribe el informe con su firma y los datos colegiales de éste. [9]

> Obsérvese que en una misma tasación pueden colaborar dos técnicos, uno que realiza la visita y otro que elabora y firma el informe y, por ende, se hace **responsable legal** del mismo. Ambos deben tener la capacidad legal y técnica suficiente para este tipo de trabajos.

13.- Documentación anexa al informe

Se incluirá, al menos, la siguiente documentación gráfica:

- *Planos a escala o croquis de situación y emplazamiento del inmueble en el municipio.*

- *Documento con la información catastral descriptiva y gráfica del inmueble obtenido a través de la oficina virtual del catastro, planos a escala o croquis acotados del elemento del edificio o de las plantas del edificio valorado con localización en el municipio.*

Aquélla otra que, a juicio del tasador, permita definir e identificar suficientemente las características del edificio. Comúnmente fotografías.

También se incluirá, al menos, la siguiente documentación no gráfica:

- *Documentos utilizados por el tasador para la identificación catastral y registral.*

---

[9] Respecto a qué tipo de técnico esta legalmente capacitado para firmar los informes, ver punto 5.1.

Copia de la licencia de obras en los edificios en construcción o rehabilitación.

Copia de la cédula de calificación provisional para edificios en construcción sujetos a protección pública.

Copia del certificado de titularidad y cargas, cuando dicho documento sea de uso obligatorio para la tasación.

En inmuebles arrendados, copia del contrato de arrendamiento o, en su defecto, título de la ocupación y certificado del propietario de la situación de ocupación, de las rentas vigentes y su estado de pago, así como de los gastos imputables al inmueble durante el último año.

Copia del Balance y Cuenta de Resultados de los últimos tres años en el caso de inmuebles ligados a una explotación económica.

Este informe va acompañado, para el caso de que se trate de tasaciones destinadas al mercado hipotecario, del correspondiente "Certificado de Tasación", documento legal que respalda el informe emitido por la sociedad de tasaciones donde se consignan los datos del solicitante, del técnico que ha realizado la tasación y la visita, el método de valoración aplicado y el o los técnicos intervinientes. Este documento tiene una vigencia de 6 meses a partir de su fecha de emisión. Debe ir firmado por un técnico responsable de la sociedad de tasaciones.

El contenido del mismo podría ser como el de este ejemplo:

CERTIFICADO DE TASACIÓN

Caduca: dd/mm/aaaa

Páginas: 1 de 1
Fecha valoración: dd/mm/aaaa

Valoración nº: ____/aa
Expediente: aaaa/__

(Nombre completo), Representante Legal de (Sociedad de Tasaciones),

M A N I F I E S T A:

Que según antecedentes que obran en archivos de esta Sociedad relativos a:

Residencial Apartamento y Garaje, situado en la CALLE _____nº _____, Piso ___, Puerta ___, en el térmi-no municipal de _____, provincia de _____ y cuyos datos registrales son: finca nº _____, tomo _____, libro ____, folio ____, Registro de la Propiedad nº ___ de _____, y visitado el día dd-mm-aaaa, según relación aportada por la propiedad y que se incluye en el Informe-Valoración, junto con los anexos que forman parte del mismo, y de acuerdo a la documentación aportada.

Y resultado del Informe-Valoración realizado por los técnicos cualificados, según disposiciones que exige la Orden Ministerial de 30 de noviembre de 1994 y sus modificaciones, y a solicitud de (nombre solicitante), a instancias del mismo, con la finalidad de crédito hipotecario.

C E R T I F I C A:

Que el Valor Actual de Tasación del citado inmueble, obtenido por el método de comparación, asciende al día de hoy, a la cantidad de:

     Valor de tasación: 9.300,00.- UM.
(NUEVE MIL TRESCIENTAS UNIDADES MONETARIAS)

     Valor del Seguro: 3.747,46 UM.
(TRES MIL SETECIENTAS CUARENTA Y SIETE CON CUARENTA Y SÉIS CÉNTIMOS DE UNIDADES MONETARIAS)

CONDICIONANTES

No se ha podido comprobar la correspondencia de la finca registral con la tasada, por lo tanto queda condi-cionada a que se inscriba en el registro de la propiedad y que ésta coincida con las premisas adoptadas en el presente informe.

ADVERTENCIAS

No se aprecian.

Y para que así conste, firmo la presente Certificación en _____, a xx de xx de aaaa.

Este certificado consta de 1 página y debe presentarse conjuntamente con el informe de tasación y anexos aportados.

Fdo.: El responsable de la Sociedad de Tasaciones

Sello de la empresa.

A lo largo de esta primera entrega hemos visto a qué llamamos Valor

> Llamamos **'valor'** de un bien inmueble o derecho real a la cantidad que el mercado esta dispuesto a pagar, en unidades monetarias, por ese determinado bien o derecho y en un momento determinado. Entendemos este valor siempre como libre de cargas y gravámenes.

y los factores que afectan al valor de la cosa.

Fluctuaciones macroeconómicas
Legislación urbanística
Actividad socioeconómica de la zona

Hemos realizado una clasificación de Bienes y Derechos y nos hemos familiarizado con los distintos tipos de Valoraciones, entre otras:

Valoraciones a efectos expropiatorios.
Valoraciones catastrales.
Valoraciones legales.
Valoraciones libres.
Valoraciones para determinadas entidades financieras como garantías hipotecarias.

Hemos explicado los Principios que rigen las Valoraciones, entre ellos los dos más importantes:

> "El bien a valorar depende principalmente de la variable tiempo-valor de mercado, que recibe el nombre de **Principio De Temporalidad**".

> "La *normativa de valoración* vigente *define* el **Principio de Finalidad**; es decir, la finalidad de la valoración condiciona la metodología y el resultado obtenido".

Y hemos incorporado nueva terminología:

> **Valor de Mercado**: es el precio, libre de cargas y gravámenes, que un comprador está dispuesto a pagar por ese inmueble en un determinado momento.

> **Valor de Reposición**: es el coste que se debería afrontar para construir un inmueble de similares características físicas y constructivas, depreciándolo por la antigüedad correspondiente al bien a tasar.

También hemos conocido los distintos métodos existentes para valorar:

- Método de comparación
- Método del coste
- Método de actualización de rentas
- Método residual.

Y, por último, hemos enumerado y explicado los distintos puntos que debe contemplar un Informe de Tasación según la Orden ECO/805/2003 y sus modificaciones.

Hasta aquí los conceptos legales y teóricos que se consideran mínimos e indispensables. A partir de ahora comienzan - ¡por fin! - los supuestos prácticos.

1.- Cuál de estas opciones NO ES un Método de Valoración?

      A.- Residual
      B.- Del Coste
      C.- De Temporalidad

1.- Cuál es la diferencia entre VALOR DE REPOSICIÓN BRUTO y NETO?

      A.- El Valor de Reposición Bruto no tiene en cuenta ningún gasto
      B.- El Valor de Reposición Neto tiene en cuenta la depreciación física y funcional
      C.- El Valor de Reposición Neto tiene en cuenta los gastos del promotor

3.- Señala cual de estas opciones son ADVERTENCIAS y cuales CONDICIONANTES de una tasación:

      1.- QUE no se haya podido identificar físicamente el inmueble.
      2.- QUE el inmueble no se adecue al planeamiento vigente.
      3.- QUE no se haya comprobado el estado de ocupación.
      4.- QUE el inmueble esté ocupado por persona distinta al propietario o alquilado y se desconozcan los datos del arrendamiento o no exista contrato.
      5.- QUE existan discrepancias entre la realidad física y la descripción registral.
      6.- QUE las licencias de construcción contengan condicionantes que, de no cumplirse, originen modificaciones en el valor.
      7.- QUE se utilicen métodos de valoración diferentes a los contenidos en la ECO.

2.1. MÉTODO DE COMPARACIÓN

2.1.1. Introducción.

Como vimos en el punto 1.1.5, los primeros apartados del informe de tasación se corresponden con el trabajo de campo.

A partir de ahora nos situaremos ante el papel para volcar los datos obtenidos y hallar el valor de mercado del bien.

Comenzamos analizando el método más frecuente que se presenta en la práctica: El método de comparación.

2.1.2. El método de comparación. Procedimiento.

Este Valor de Comparación se basa en el *"Principio de sustitución o de Equivalencia Funcional"*: El valor de un bien inmueble es equivalente al de otros bienes inmuebles con características físicas y constructivas similares.

Para poder utilizar este método y determinar este valor deben cumplirse una serie de requisitos mínimos pero fundamentales:

- Existencia de un mercado representativo.

- Que exista una cantidad suficiente de inmuebles similares (testigos o comparables). Un mínimo de 3 si son transacciones reales conocidas; en caso contrario, un mínimo de 6.

- Que sean física y económicamente representativos del bien inmueble a valorar.

Adicionalmente y para las tasaciones con finalidad hipotecaria también deben cumplirse:

- Disponer de datos suficientes como para poder estimar la evolución de precios de operaciones de compraventa de los últimos dos años.

- Disponer de información sobre la evolución de las variables que inciden en los precios del mercado inmobiliario

Contar con medios de detección de ofertas o transacciones que posibiliten la distorsión del mercado.

2.1.3. Metodología

Con estas premisas en mente comienza el trabajo de campo.

Debemos:

- Conocer precios.
- Conocer superficies.
- Conocer características y calidades.
- Tener contacto visual.

Una vez en los alrededores del inmueble, empezará la búsqueda de carteles de venta o alquiler, consultas a las inmobiliarias de la zona, anuncios en prensa y/o revistas especializadas, etc.

> Es fundamental la información gráfica. Además, debemos ir a las visitas provistos de nuestra cámara fotográfica, de cinta métrica y de papel y lápiz para las anotaciones.

Es importantísima nuestra capacidad de observación para analizar los inmuebles, sus características constructivas, su ubicación y entorno, etc.

Recordemos que los inmuebles analizados deben ser:

- Suficientes en cantidad (3 o 6, según el caso)y
- Representativos (Muy Importante)

Los inmuebles considerados deben tener un uso y una tipología constructiva similares, deben estar en la misma zona o bien en otra de semejantes características., deben ser de calidad y antigüedad parecidas, etc.

Una vez hallados nuestros testigos o comparables, debemos *ajustarlos* para asimilarlos al bien a valorar.

Es decir, debemos aplicar a cada inmueble testigo *coeficientes correctores* (mayores o menores a 1) en cantidades suficientes como para que tengan en cuenta todas las diferencias posibles (superficies, localización, calidad...) que existan entre éste y el inmueble objeto de valoración, y, de esa forma, "homogeneizar" la muestra.

Es importante no perder de vista que la comparación será siempre del testigo al inmueble objeto de valoración y no a la inversa. De ahí la necesidad, comentada anteriormente, de tener "sentido de la observación" en las visitas y, fundamentalmente, **buen criterio**. Los coeficientes son totalmente subjetivos y no podemos dar ninguna orientación al respecto. El acierto en su selección y el valor de cada uno de estos coeficientes es cuestión de experiencia. Se debe tener siempre presente el **Principio de Prudencia** a la hora de seleccionarlos.

Los *coeficientes correctores* que se utilizan en la práctica tienen en cuenta diferencias entre superficies, calidades, entorno, antigüedad (las variables más importantes que pueden alterar el valor). Este método de corrección recibe el nombre de *Método Analítico por Coeficiente Corrector,* y es el que utilizaremos en adelante.

Existen otras dos formas de aplicación de los coeficientes: Método Analítico por Corrección del Valor y Método Sintético de Corrección del Valor Tipo, pero exceden las intenciones de este curso.

Para empezar el trabajo debemos ordenar los datos obtenidos y realizar una tabla con la relación de los inmuebles hallados, la fuente de la información (prensa, inmobiliaria, etc., con nombre y teléfono), dirección, superficie, precio total y por unidad de superficie. Dejaremos para las últimas columnas los coeficientes a aplicar y, por último, el precio resultante de su aplicación. Con los precios por unidad de superficie, convenientemente ajustados, hallamos el **Valor de Comparación o de Mercado**.

2.1.3.1. Ajuste del Valor de Comparación.

Si en algo se han preocupado los redactores de la legislación vigente, es la eliminación de factores especulativos que inciden en el valor de mercado y provocan distorsiones del valor que afectan, en mayor grado, a las operaciones hipotecarias.

Prueba de ello es que la entidad tasadora podrá corregir el valor obtenido según el procedimiento anterior, si de acuerdo a su criterio:

"...estime que existe una probabilidad elevada de que el valor de tasación experimente una reducción significativa en términos nominales antes de transcurrido un año desde la fecha de la tasación que dure al menos tres años."

Debemos aclarar que la corrección a aplicar será la que *"la entidad tasadora estime necesaria"*

Y si en el supuesto de que la entidad tasadora no sea capaz de determinar esta probabilidad de reducción de precios, podrá aplicar una reducción del 10% o 15%, en función del nivel de volatilidad apreciado en los precios de mercado utilizados para hallar el valor de comparación.

Pero mejor veamos un ejemplo.

> *Inmueble a tasar situado en capital de provincia, en calle comercial muy transitada. Superficie 90 m² construidos, antigüedad 5 años, buen estado, calidad media, planta 6º, exterior, sin garaje.*

> *El edificio está compuesto por planta baja con comercios (ocupados) y 8 plantas de viviendas, dos subsuelos con garajes y dos ascensores, uno de los cuales llega a los sótanos.*

Éstos son los datos que tenemos, fruto de la documentación que obra en nuestro poder, entregada por el cliente que encargó el trabajo (un banco, por ejemplo) y de nuestras observaciones y/o mediciones realizadas durante la visita.

Encontrados los testigos según el procedimiento comentado, tenemos los siguientes inmuebles:

> Testigo 1:
> 100 m², alta calidad, antigüedad 20 años, planta 4, interior, en la misma calle, 250 UM/m², con garaje.

> Testigo 2:
> 110 m², calidad media, antigüedad 5 años, planta 10 interior, en las inmediaciones, 200 UM/m², sin garaje.

Testigo 3:
> 90 m², calidad media, antigüedad 2 años, planta 7 exterior, en la misma calle, 280 UM/m², sin garaje.

Testigo 4:
> 200 m², calidad alta, antigüedad 1 año, planta ático, en la calle siguiente, 400 UM/m², con garaje.

Testigo 5:
> 100 m², calidad media, antigüedad 25 años, planta 6, interior, cercano, 230 UM/m², con garaje.

Testigo 6:
> 90 m², calidad media, antigüedad 20 años, planta 5, exterior, cercano, 260 UM/m², con garaje.

En un primer análisis de esta muestra podemos hacer una observación:

El testigo 4 no se ajusta al inmueble objeto de tasación. ¿Por qué? Su superficie es demasiado grande, su calidad es distinta y es un ático. (Su valor de venta es sensiblemente mayor que un piso en otra planta por diversas razones como por ejemplo ser viviendas más espaciosas, posibilidad de vistas, etc.)

Debemos entonces, en la medida de lo posible, buscar otro testigo que se adapte mejor, o no tenerlo en cuenta, como se hizo en el ejemplo.

En cuanto al resto de los testigos, analizamos cada una de sus características: superficie, calidad, planta, etc., y seleccionamos los coeficientes a aplicar para la homogeneización, teniendo en consideración que *siempre es el testigo el que se debe adaptar al inmueble a tasar.*

Por ejemplo, analicemos el Testigo 1:

El testigo 1 deberá ser ajustado por superficie, planta, calidad, antigüedad y garaje. Es decir, al estar en una planta inferior, consideramos que su precio es inferior al del inmueble a valorar, ubicado en una sexta, ya que por lo general los valores de venta aumentan con la altura. Siendo así, se deberá aplicar un coeficiente corrector mayor que 1; por ejemplo, 1,05 o 1,1 (debemos movernos de 0,5 en 0,5; sin cambios bruscos injustificados que podrían alterar el resultado final). Se obtiene así el COEFICIENTE POR SITUACIÓN.

En cuanto a la diferencia de superficie, debemos intentar averiguar si esta diferencia es debida a la existencia de un dormitorio más, o simplemente por su antigüedad, y entonces aplicar el coeficiente que contemple esta situación. En nuestro caso suponemos que es debido a su antigüedad (los pisos antiguos tienen dormitorios mayores). No aplicamos ningún coeficiente, o lo que es más exacto, el COEFICIENTE POR SUPERFICIE es igual a 1.

También es distinta la calidad del inmueble testigo y su antigüedad respecto al inmueble a valorar, por lo que se deberá aplicar un coeficiente reductor de 0,90 por ejemplo, para adaptarlo a nuestro caso. Obtenemos así el COEFICIENTE POR CALIDAD Y ANTIGÜEDAD.

Por último, el testigo tiene garaje, y debemos reducir su precio con otro coeficiente que contemple esta situación. Para esto necesitamos conocer el valor de una plaza de garaje en la zona y referenciarlo a los metros cuadrados de la vivienda testigo para hallar el coeficiente más apropiado. Obtenemos así el COEFICIENTE POR GARAJE.

> Los testigos los hemos elegido en función de la experiencia y buen entender. No existe una regla que se pueda aplicar para su determinación. Las únicas reglas básicas son: prudencia, observación y experiencia.

El producto del valor por unidad de superficie, 250 UM, multiplicado por los distintos coeficientes correctores utilizados, nos dará el nuevo valor ajustado.

Pues bien, resumiendo, tenemos:

Coef. 1 = por superficie:	1,00
Coef. 2 = por planta:	1,05
Coef. 3 = por calidad y antigüedad:	0,90
Coef. 4 = por garaje:	0,90

Precio corregido $_{T1}$ = 250 x 1,00 x 1,05 x 0,90 x 0,95 = 224,438 UM/m²

$$\textit{Precio Corregido }_{T1} = 224,4 \textit{ UM/m}^2$$

Y así para todos los testigos.

Una vez hallado el Precio Corregido en UM/m² de cada testigo como resultado de la aplicación de los coeficientes (véase -1- en la tabla siguiente), se multiplica por la superficie del testigo (véase -2- en la tabla siguiente) obteniéndose así el precio total en Unidades Monetarias. La sumatoria de todos los Precios Corregidos se divide por la sumatoria de las superficies, es decir, hallamos el *Valor Medio Ponderado,* que será nuestro **Valor de Comparación.**

El testigo número 4 no se ajusta al inmueble objeto de tasación, por lo que no lo tenemos en cuenta. Y debido a que la ECO exige un mínimo de 6 testigos, hemos buscado otro que lo reemplace, el denominado 4 bis.

FUENTE	DIRECCIÓN	SUP m2	PRECIO Um/m2	Coef 1	Coef 2	Coef 3	Coef 4	Precio Corregido UM/m2 -1-	Precio Corregido UM -2-
1. Prensa	Calle A, 5, 4º A	100	250	1,00	1,05	0,90	0,95	224,4	22.440
2. Inmob.	Avda. MM, 5, 10º B	110	200	1,05	0,90	0,90	1,00	189,0	20.790
3. Revista	Calle B, 6, 7º J	90	280	1,00	0,95	0,90	1,00	239,4	21.546
4. Inmob.	Avda. MM, 13, ático Izda.	200	400						
4 bis. Prensa	Avda. MM, 11, 3º C	90	235	1,05	1,00	0,95	0,95	222,7	20.042
5. Prensa	Calle B, 6º A	100	230	1,05	1,00	1,15	0,95	263,8	26.380
6. Prensa	Avda. MM, 7, 5º C	90	260	1,00	0,95	1,15	0,95	269,8	24.282
Sumatoria de superficies		**580**						**Sumatoria precios corregidos**	**135.480**

Nota: el coeficiente 4 adopta valores distintos, aunque la antigüedad sea la misma, debido al concepto Calidad de la Construcción, contemplado dentro de este coeficiente

Sumatoria de Valores Totales: *135.480 UM*
Sumatoria de superficies: *580 m²*

Valor Medio Ponderado: 135.480 / 580 = 233,586 UM/m²

Por lo tanto el valor de mercado por unidad de superficie será:

Valor de Comparación = 233,6 UM/m²

y aplicado a nuestro inmueble de 90 m², su valor de comparación será:

Valor de Comparación del Inmueble = 21.024 UM

Si por último, a nuestro criterio o por indicaciones de la entidad tasadora, consideramos que los precios de los testigos utilizados para obtener el valor de comparación "gozan" de cierta volatilidad, aplicaremos un coeficiente reductor del 10 % [10] obteniendo así el Valor Ajustado del Inmueble, que en nuestro caso sería:

Valor Ajustado del Inmueble (o Valor Hipotecario) = 18.922 UM

---

[10] Podría alcanzar el 15% si así lo estima la Sociedad de Tasaciones.

2.2 MÉTODO DEL COSTE.

2.2.1. Introducción. Coste de Reposición.

Continuando con los métodos técnicos de valoración, pasamos a determinar ahora el Coste de Reposición del bien inmueble, aplicable en la valoración de todo tipo de edificios y elementos de edificios, tanto sea en construcción, rehabilitación o terminados.

Dicho coste, sumado al coste del solar, constituye el valor total del inmueble. Esta forma de obtención del valor del inmueble está definida por la legislación vigente como el *"Método del Coste"*:

> (1) Valor del Inmueble = Valor suelo + Coste de Reposición

Mediante este método se determina un valor técnico denominado **Valor de Reemplazamiento**, que puede ser *Bruto* o *Neto*.

2.2.2. Valor de reemplazamiento bruto y neto

¿Qué entendemos por "Valor de Reemplazamiento"? Es el coste de reproducir o reconstruir un inmueble similar en características físicas y calidades al inmueble objeto de tasación (cuando hablamos de "características físicas" también nos referimos a su antigüedad).

Esta última apreciación nos lleva a dos clasificaciones del *Valor de Reemplazamiento*: el *Valor de Reemplazamiento Bruto (VRB)* y el *Valor de Reemplazamiento Neto (VRN)*. La diferencia entre ambos radica en la aplicación de la depreciación al VRB -debida al envejecimiento de la construcción- con objeto de obtener el VRN. Esta depreciación debe aplicarse al valor de la construcción SOLAMENTE, ya que el suelo permanece inalterado.

Una vez determinado el coste de construir un inmueble de similares características físicas y calidades a día de hoy -esto es al *VRB*- es necesario ajustarlo de acuerdo a la antigüedad del inmueble objeto de tasación; es decir, hallar su *VRN*. Por lo que, retomando la fórmula de más arriba (1), tenemos:

> (2) Valor del Inmueble = Valor suelo + Valor de Reemp. Neto

Por lo tanto, la diferencia entre el VRB y el VRN es la aplicación de un factor de reducción (*Coeficiente de Depreciación*) que representa, de forma conveniente y lo más ajustado posible a la realidad, las características actuales del inmueble objeto de valoración, entendiendo esa depreciación como la modificación por causa del paso del tiempo, de sus características físicas, funcionales o económicas.[11]

Pues bien, para determinar este coeficiente de depreciación no sólo debemos conocer la vida útil y la antigüedad de nuestro inmueble, su deterioro físico (*depreciación física*), sino también si existe algún tipo de pérdida de valor debido a un posible cambio de uso (*depreciación funcional*) por modificaciones en la oferta y demanda o de las reglas de juego del mercado, que pueden haber alterado su valor (*depreciación económica*).

Si bien existen varios métodos matemáticos para el cálculo de la depreciación física (*depreciación lineal, depreciación parabólica, depreciación exponencial*), la metodología que explicaremos será la indicada por la ECO, que utiliza la depreciación lineal en función de una vida útil prefijada de acuerdo al uso del edificio a valorar según esta tabla:

> Para edificios de viviendas: 100 años
> Para oficinas: 75 años,
> Locales comerciales: 50 años y
> Uso industrial y los ligados a explotación económica: 35 años.

Fijada la vida útil del edificio en función de esta tabla, resulta fácil determinar su depreciación. Para el caso de viviendas, la depreciación física será del 1% por año de vida del inmueble; para oficinas, del 1,33 % por año; para naves, del 2% por año, y para uso industrial y actividad económica, del 2,85% por año.

Por lo que el coeficiente de depreciación (*d*) será el resultante de multiplicar el porcentaje mensual de depreciación por la antigüedad del inmueble y restarle 1:

---

[11] Nótese que no solo se contempla su envejecimiento físico, sino también el de su utilidad económica.

Por ejemplo:

Uso: vivienda, vida útil: 100 años
Antigüedad: 25 años, depreciación: 25% = 0,25
Coeficiente de depreciación (*d*): 0,75

Para el caso de las depreciaciones funcionales y económicas debemos confiar en nuestro instinto y experiencia, ya que son términos completamente subjetivos.

Obtenido el coeficiente de depreciación, queda por determinar el *Valor de Reemplazamiento Bruto* al que le será aplicado.

Si decíamos que es el coste de reproducir, de edificar un inmueble de similares características, entonces tendrá que incluir:

- El coste de la construcción.
- Los honorarios técnicos de proyecto y dirección de obras.
- Costes de licencias de obras y tasas de construcción
- Costes no recuperables de impuestos y aranceles para la formalización de la adquisición del terreno y declaración de obra nueva.
- Gastos de administración del empresario (Promotor Inmobiliario)

Por lo tanto, retomando **(2)**, obtenemos:

(3) Valor del Inmueble = Valor suelo + VRB x d

Ejemplo

Vivienda unifamiliar de 100 m² en edificio de 30 años de antigüedad.
Vida útil: 100 años.
Valor del suelo: 15 UM/m².
VRB: 100 UM/m² construidos.

Hallamos:

Coeficiente de depreciación (d) = 1- (30/100) = 0,7
VRN = VRB x d = 70 UM/m²

Valor Inmueble = 15 UM/m² + 70 UM/m² = 85 UM/m² = 8.500 UM

Recordemos que el suelo NO MODIFICA SU VALOR.

2.2.3. Coeficiente de Mercado K

Cuando se habló del *Valor de Reemplazamiento Neto*, deliberadamente se dejó sin comentar el **"coeficiente K"** para tratarlo con detenimiento en este apartado.

En una situación normal de mercado, sin distorsiones, se puede afirmar que el Valor de Mercado de un inmueble está formado por los siguientes sumandos:

$$(1)\ Vm = Cs + Cc + G + B$$

donde

Vm: Valor de Mercado
Cs: Coste del suelo
Cc: Coste de construcción
G: Gastos
B: Beneficio esperado

Puesto que los gastos son proporcionales al valor de la construcción y del suelo, podemos reemplazar en **(1)**:

$$(2)\ Vm = (K1 \times Cs) + (K2 \times Cc)$$

Siendo K1 y K2 dos constantes de proporcionalidad.

También podemos admitir, siempre en un mercado normal, que a mayor precio de suelo se corresponde un mayor coste de construcción; es decir, existe una relación directa entre valor de suelo y coste de construcción, por lo que podemos suponer que K1 = K2 = K , entonces:

$$(3)\ Vm = K \times (Cs + Cc)$$

Esta constante K es la llamada **Constante K de Mercado** por ser la que relaciona nuestros costes con el *Valor de Mercado*.

Si vemos la fórmula, el valor K engloba los gastos y beneficios del empresario y será directamente proporcional a éstos para cada tipología de inmueble y localización. Por consiguiente, el *Valor de Mercado* (Vm) podría ser el valor en venta por metro cuadrado, el contenido del paréntesis *(Cs + Cc) los costes*, y el término *K el beneficio del empresario.*

El valor K depende de:

- Tipología del inmueble.
- Coste del suelo.
- Coyuntura económica y urbanística.

Debido a sus características, el valor K es útil para hacer evaluaciones rápidas de inversiones inmobiliarias, ya que de alguna forma indica el margen de diferencia porcentual entre coste y venta. Es decir, si conocemos el coeficiente K de una zona determinada de la ciudad (damos por supuesto que conocemos nuestros costes de inversiones anteriores o de inversiones similares en la zona), podremos determinar **de forma aproximada** la rentabilidad de esa inversión, e incluso podremos evaluar otra zona -y otro K- y determinar comparativamente cuál de las dos zonas es la mejor, en términos económicos, para esa inversión.

En líneas generales, los valores más altos de K se corresponden con zonas consolidadas, de alta calidad, con fuerte repercusión del *coste del suelo (Cs)*.

El coeficiente K funciona muy bien si se trata de construcciones nuevas y con el máximo aprovechamiento urbanístico del suelo. Esto se complica en estudios económicos de edificios en rehabilitación o edificios antiguos, debido a que entra en escena el factor de depreciación **"d"** (véase 2.2.2). Además, en este tipo de construcciones, los costes no son tan fáciles de determinar debido a la existencia de imprevistos, lo que produce un aumento del coeficiente K que muchas veces no refleja la realidad.

¿Y dónde interviene el coeficiente K en una valoración? Refresquemos nuestros conocimientos.

Cuando hablamos del *Valor de Comparación* o De Mercado (véase 2.1.2), dijimos que era la suma ponderada de los valores individuales de cada testigo debidamente corregidos (*Valor Medio Ponderado, VMP*). Y que el *VRN (Valor de Reemplazamiento Neto,* véase 2.2.2) era el coste del suelo, más el coste de construcción depreciado, más los gastos del empresario promotor.

Entonces, el Coeficiente de Mercado K es:

$$K = VMP / VRN$$

que es la misma fórmula del inicio **(3)**, donde decíamos:

$$Vm = K \times (Cs + Cc)$$

o lo que es lo mismo:

$$K = Vm / (Cs + Cc)$$

Podemos ver que se trata de las mismas formulas, ya que *VMP* es el *Valor de Mercado* y el sumando *(Cc + Cs)* no es otra cosa que el *VRN*.

2.2.4. Valor del seguro.

En el mercado hipotecario, la entidad bancaria obliga a asegurar el inmueble en cuestión y, por ello en las tasaciones para entidades financieras se suele indicar siempre este valor para que se suscriba la correspondiente póliza.

El valor asegurado debe ser tal que cubra los máximos daños causados por un siniestro total en el que el edificio quede totalmente destruido.

La Disposición Adicional 1º: "Seguro de incendio y otros daños del continente", de la ECO nos dice que la suma asegurada no podrá ser inferior a:

...en el caso de edificios completos, al menor entre el valor de reemplazamiento bruto de la edificación y el valor de tasación, excluyendo en ambos casos el valor del terreno.

En el caso de elementos de edificios, al valor de tasación del elemento, excluido el valor del terreno.

Por lo que vemos, queda claro que nuestro VRB, es decir, el coste de las construcciones sin depreciar y sin contar el valor del terreno, será el valor del seguro en la mayoría de nuestras tasaciones.

2.3.1. Introducción.

En el punto 2.1.2 hemos elaborado la tabla de testigos con el fin de obtener el *Valor Medio Ponderado* de los mismos; es decir, el **Valor de Comparación**. En dicha tabla era necesario conocer el valor de venta o alquiler de cada uno de los testigos, y comentamos brevemente que, en el caso de que no se tuviesen datos de su valor en venta, era igualmente útil conocer su valor en alquiler o su renta mensual que, convenientemente ajustada, nos serviría de igual forma que el valor de venta para la determinación del *Valor de Comparación o Mercado*.

El ajuste necesario para pasar de un valor de renta a un valor en venta no es otra cosa que la aplicación del **método de actualización.**

La aplicabilidad de este método viene condicionada por el cumplimiento de al menos, uno de estos requisitos:

La existencia de un mercado de alquileres representativo con datos de al menos dos años de antigüedad con respecto a la fecha de la valoración y contar con información adecuada sobre el comportamiento de variables que puedan incidir en los precios de alquileres de mercado (similar a lo visto para el valor de comparación).

La existencia de un contrato de arrendamiento sobre el inmueble objeto de valoración.

Que el inmueble valorado este produciendo o sea potencialmente productor, de ingresos por estar ligado a una actividad económica.

2.3.2. ¿Qué es el método de actualización?

El método de actualización consiste en la obtención del valor de un inmueble por medio del análisis de sus ingresos y egresos durante un período de tiempo determinado. Estos ingresos y egresos los denominamos *flujos de caja*.

Se utiliza para valorar todo tipo de inmuebles susceptibles de producir rentas: aquéllos ligados a una explotación económica o en arrendamiento y a la de los derechos reales (excepto las opciones de compra, como se verá más adelante).

> Es conveniente dejar claro que siempre que hablamos de rentas nos estamos refiriendo al valor neto de los ingresos que ese inmueble produce, deduciendo los gastos que comporta el mantenimiento del mismo en el momento de la tasación.

2.3.2.1. Procedimiento de cálculo

Para comenzar con este método es necesario traer a la memoria conceptos de estadística y matemática financiera.

Por un lado, se debe estimar el flujo de caja que produce el inmueble; es decir, determinar todo tipo de ingresos y gastos que producirá el inmueble hasta el fin de su vida útil o fin del contrato de arrendamiento, según se trate; sin tener en cuenta los efectos inflacionistas. [12] Esta estimación se realiza siempre bajo criterios de prudencia, como mencionamos anteriormente. En el caso de que estos ingresos procedan de rentas esperadas fruto de algún tipo de explotación económica, se determinarán según los ratios comunes para el tipo de explotación y sector económico del que se trate.

De la misma forma que en los métodos anteriores, se tendrá muy en cuenta, la evolución previsible del mercado y los elementos distorsionantes del mismo.

Resumiendo, podemos tener tres casos posibles de inmuebles a los que tengamos que calcular el flujo de caja:

- Inmuebles susceptibles de ser arrendados, esto es, pueden estar vacíos en el momento de tasación, y la existencia de un mercado de arrendamientos real, sin distorsiones especulativas.

    > Para este caso, el flujo de caja se hallará a lo largo de toda su vida útil, teniendo en cuenta todos los factores que puedan afectar la cuantía y la obtención de la misma.

---

[12] La norma clasifica a los flujos de caja en Inmobiliarios y Operativos, siendo los primeros los gastos e ingresos que produce el inmueble y los segundos los que produce la actividad económica que en él se desarrolle.

Inmuebles en arrendamiento en el momento de la valoración.

> Se calcularán los flujos de caja durante la vigencia del contrato, teniendo en cuenta sus cláusulas contractuales.

Inmuebles ligados a una actividad económica.

> Los flujos de caja serán aquellos que se produzcan durante el período de tiempo que se estime tenga lugar la actividad, y serán las cuantías medias del sector de actividad correspondiente, teniendo en cuenta las particularidades que pueda presentar el caso.

A continuación se debe determinar el Valor de Reversión del inmueble, entendido éste como el valor previsible del inmueble al final del período de análisis. Este valor dependerá de los criterios utilizados para calcular los flujos de caja, es decir, del tipo de inmueble y de la actividad que en él se desarrolle:

Si se trata de la primera opción, inmueble susceptible de ser alquilado (aunque no este ocupado en ese momento), el valor de reversión será el del suelo al final de su vida útil, descontando plusvalías.

Para la segunda, inmueble en arrendamiento, el valor de reversión será el del inmueble al final del contrato de arrendamiento, descontando plusvalías y depreciaciones física y funcional. [13]

Y para la tercera posibilidad, inmuebles ligados a una actividad económica, el valor de reversión será el Valor de Reemplazamiento Neto (VRN) al final previsto de la actividad económica.

Acto seguido se debe elegir el tipo o tasa anual de actualización. Para ello, primero deberemos determinar un Tipo Nominal adecuado a las características y riesgo de la inversión (tipo de contrato de arrendamiento, riesgo en la obtención de rentas, etc.). Dicho interés se corregirá del efecto inflacionista por el pedido de tiempo estimado de duración de los flujos de caja, según sea el caso analizado. El tipo de interés resultante no podrá ser menor a la rentabilidad media anual de la Deuda del Estado a plazo no inferior cinco años (dos años para otras finalidades que no sea la hipotecaria). Dicho tipo deberá haber sido publicado oficialmente y su media se referirá a un período continuado no inferior a tres meses ni superior a un año de la fecha de tasación. [14]

---

[13] Según el Método del Coste, como ya vimos.
[14] Existen entidades especializadas que publican estos índices. Lo veremos al final.

La EHA/3011/2007, en su afán de conseguir un más ajustado a la realidad tipo de actualización, nos dice "El tipo de actualización debe ser similar al que esta utilizando el mercado respecto a operaciones comparables". Recordemos que en 2007 el mercado inmobiliario estaba en su apogeo.

Una vez obtenidos estos valores, procedemos a calcular el valor del inmueble como el *Valor Actual (VA)* de los flujos de caja anuales y actualizados, más el Valor de Reversión actualizado, siguiendo la siguiente formula:

$$VA = \sum \left[E_j / (1+i)^{tj} \right] - \sum \left[S_k / (1+i)^{tk} \right] + V.R. / (1+i)^{n}$$

donde

VA = Valor Actual.

E_j = Ingresos en el momento j.

i = Tipo de interés de actualización.

tj = Períodos entre la valoración hasta que se produzca el correspondiente Ej

S_k = Pagos en el momento k.

V.R. = Valor de reversión al final del período "n".

n = Períodos de tiempo desde la tasación hasta el final del período de estimación de los ingresos esperados. Generalmente la variable tiempo es considerada en "años"

2.4.1. Introducción.

Este método se explica en la *Sección 5ª* de la ECO y se utiliza para hallar el valor de repercusión del suelo [15] en un inmueble o en un edifico a rehabilitar cuando no se tienen valores de mercado, o bien si los que existen son escasos o poco fiables. Este método define el precio teórico que un inversor estaría dispuesto a pagar por un solar que tendrá un aprovechamiento máximo de su edificabilidad (**Principio de Máxima Utilidad o de Mayor y Mejor Uso**).

El método tiene dos variantes -estática y dinámica- que se diferencian en la consideración del factor tiempo. Mientras que en la estática los cálculos se realizan a valores fijos del momento de realizar la tasación, en la dinámica son variables en el tiempo. Este método nos permite determinar el valor de mercado del suelo o de edificios a rehabilitar mediante el estudio de una hipotética promoción inmobiliaria.

2.4.2 Método del Valor Residual Estático

Al utilizar valores presentes, sin ningún tipo de ajustes, la validez de su aplicación viene determinada por la inmediatez con que se realice la operación inmobiliaria en ese suelo cuyo valor estamos hallando. Esta operación no se debe extender demasiado en el tiempo (no más de 2 años).

La aplicación del método requiere:

A.- Determinar la promoción inmobiliaria más probable, de acuerdo con el principio comentado de Máxima Utilidad.

B.- Determinar los costes y gastos de construcción, así como los gastos de comercialización y financiación.

> En cuanto al coste de la construcción, podemos recurrir a la experiencia, a los baremos de los Colegios Profesionales (no son demasiado exactos, generalmente están por debajo de la realidad) o a revistas especializadas.

---

[15] Es aquél que resulta de dividir el precio de venta del suelo entre los metros cuadrados de su edificabilidad sobre rasante.

La estimación de los gastos es fruto de la experiencia. Pero una buena orientación es:

Beneficio del constructor: 15% - 25%
Honorarios, tasas e impuestos: 10% - 13%
Gastos de comercialización y financiación: 10% - 15%

En caso que exista proyecto de obra, por ejemplo si se tratase de un edificio en rehabilitación, nos atendremos a los costes que este indique.

C.- Determinar el valor de mercado del posible inmueble a promover en hipótesis de edificio terminado a la fecha de tasación, siguiendo cualquiera de los métodos explicados.

D.- Fijar el margen de beneficio del promotor.

Esto último es lo más difícil de determinar, dadas sus características de temporalidad, variabilidad geográfica y apetito empresarial.

Si desconocemos valores reales de beneficios en promociones de similares características y emplazamiento -lo cual, salvo que seamos promotores, es complicado- la Orden EHE/3011/2007 nos saca del apuro e indica en su Disposición Adicional Sexta, modificando el Art. 35 de la ECO:

... no podrán ser inferiores a los que se establezcan en las tablas...que se indican a continuación, o a los que resulte de su revisión...

TIPO DE INMUEBLE	% [16]
Viviendas de 1ª residencia	18
Viviendas de 2ª residencia	24
Edificios de oficinas	21
Edificios comerciales	24
Edificios industriales	27
Hoteles	22
Residencias de estudiantes y 3º edad	24
Plazas de aparcamiento	20
Otros	24

[16] Se trata de márgenes sin financiación. Si existiese financiación externa deben modificarse.

E.- Finalmente aplicamos la siguiente fórmula (Art. 42 de la ECO)

$$F = VM \times (1 - b) - \sum C_i$$

donde:

F = Valor del solar o inmueble a rehabilitar.
VM = Valor de mercado del inmueble terminado.
b = Margen de beneficio del promotor.
C_i = Cada uno de los costes y gastos considerados.

Ejemplo:

Solar en suelo urbano, clasificado urbanisticamente para vivienda unifamiliar y de 2.313 m² de superficie neta a construir (es decir, descontada la urbanización. Es el llamado "sólido" que le corresponde al propietario.)

Método del Valor Residual.

La valoración del suelo se realizará mediante el Método Residual estático, realizando el estudio de una promoción inmobiliaria hipotética en el total de la superficie disponible, basándonos en el principio del mejor uso y máximo aprovechamiento.

Para ello determinaremos lo siguiente:

1.- Tipología constructiva
2.- Coste de construcción (Cc) (adoptamos 50 UM/m²)
3.- Valor en Venta (Vv) de la promoción (adoptamos 130,00 UM/m²)
4.- Beneficio previsto del promotor (b)
5.- Valor residual del suelo (S)

1.- Tipología Constructiva

De acuerdo con las características urbanísticas, tenemos:

Edificación unifamiliar
Parcela mínima: 180 m²
Edificabilidad: 1 m²/m²
Alturas: 3

Por lo tanto, en una superficie de 2.313 m²:
2.313 m²/180 m² parcela = 12,85 parcelas

Parcelas adoptadas: 12 unidades
Edificabilidad: 2.313 m² x 1m²/m² / 12 = 192,75 m²/parcela

Tipología: Plantas de 64,25 m² + finca

2.- Coste de la construcción (Cc)

$192,75 \text{ m}^2 \times 12 \text{ viv.} \times 50 \text{ UM/m}^2$:	115.650,00 UM
Beneficio constructor (15%):	17.347,50 UM
Importe Contrata:	132.997,50 UM
Honorarios Técnicos (4%):	5.319,90 UM
Tasas municipales y gtos. (3%):	3.989,93 UM
Coste de construcción (Cc):	142.307,33 UM

<u>Nota</u>: Cc incluye costes eventuales de demolición y de urbanización del solar.

3.- Valor en Venta (Vv)

El valor en venta (Vv) será:
Vv = $130,00 \text{ UM/m}^2 \times 2.313 \text{ m}^2 = 300.690,00$ UM

4.- Margen de beneficio del promotor (b)

Viviendas de 1º residencia: 18% (ver tabla en 2.4.2)

5.- Valor residual del suelo (S)

S = Vv x (1-b) - Cc ;
S = 300.690,00 UM x (1-0,18) – 142.307,33 UM
S = 246.565,80 UM - 142.307,33 UM = 104.258 UM

2.4.3. Método de Valor Residual Dinámico

La aplicación de este método requiere:

A.- Determinar la promoción inmobiliaria más probable, de acuerdo al principio de mayor y mejor uso.

B.- Determinar los plazos de construcción y de comercialización del inmueble.

C.- Determinar los costes y gastos de construcción, gastos de comercialización y financiación y su distribución en el tiempo, esto es, los flujos de caja de la promoción.

D.- Determinar el valor de mercado del posible inmueble a promover referido a las fechas de comercialización estimadas en **B**, en hipótesis de edificio terminado. Para ello, se partirá del valor de mercado a la fecha de la tasación determinado por alguno de los métodos vistos, y se tendrá en cuenta la evolución esperada de los precios del mercado.

E.- Fijar un tipo de actualización que representará el beneficio esperado por el promotor.

Como ya habíamos citado en el método estático, la ECO establece este margen de beneficio de acuerdo a la fórmula

$$i = \text{Tipo libre de riesgo} + \text{prima de riesgo}$$

El Tipo libre de riesgo será calculado de la misma forma que para el método de actualización de rentas (ver 2.3) y la prima de riesgo la determinará la entidad tasadora atendiendo a datos de otras promociones. En esta "delicada" situación en que nos encontramos, otra vez la Orden EHE/3011/2007 viene en nuestro auxilio e indica en su Disposición Adicional Sexta (actualizando el Art. 35 de la ECO):

... no podrán ser inferiores a los que se establezcan en las tablas...que se indican a continuación, o a los que resulte de su revisión...

TIPO DE INMUEBLE	% [17]
Viviendas de 1ª residencia	8
Viviendas de 2ª residencia	12
Edificios de oficinas	10
Edificios comerciales	12
Edificios industriales	14
Hoteles	11
Residencias de estudiantes y 3º edad	12
Plazas de aparcamiento	9
Otros	12

---

[17] Se trata de márgenes sin financiación. Si existiese financiación externa deben modificarse.

Estos tipos se verán incrementados si existiese financiación ajena que produzca apalancamiento financiero.

F.- Finalmente, con todos los datos obtenidos, aplicamos la siguiente fórmula (Art. 39 de la ECO)

$$F = \sum E_j / (1 + i)^{tj} - \sum S_k / (1 + i)^{tk}$$

donde:

F = Valor del solar.
Ej = Importe de los ingresos previstos en el momento j.
Sk = Importe de los pagos previstos en el momento j.
tj = Número de períodos desde el momento de la tasación hasta cada uno de los ingresos.
tk = Número de períodos previstos desde el momento de la tasación y cada uno de los pagos.
i = Tasa de actualización.

Para aplicar este método debemos estimar el flujo de caja de toda la promoción, determinando perfectamente los períodos en que se producen gastos e ingresos. Matemáticamente, se trata de hallar un Valor Actualizado con un tipo 'i' de los importes netos ingresos-gastos período a período, de toda la promoción.

Para valorar un suelo en el cual se podría realizar una promoción inmobiliaria de gran envergadura, con amplios plazos de construcción y comercialización, debe aplicarse el método dinámico. Así, los valores obtenidos reflejarán la realidad. Esto es especialmente importante con los valores de mercado, tan sensibles a los cambios.

Para tranquilidad de algunos, en la mayoría de las valoraciones se utiliza el método estático.

Hemos comenzado a "entrar en materia" con los Métodos que se utilizan en las valoraciones.

Hemos visto el Método de comparación:

> ... se utilizará para determinar el **valor de mercado** de los edificios y de los elementos de edificios, salvo cuando estén ligados a una explotación económica, o cuando se trate de inmuebles arrendados.

Y que este Valor de Comparación o de Mercado se basa en el **Principio de Equivalencia Funcional**.

También el Método del Coste,

> Valor del Inmueble = Valor suelo + Coste de Reemplazamiento

y que el Coste de reemplazamiento es el coste de reproducir o reconstruir un inmueble similar en características físicas y calidades al inmueble objeto de tasación.

Pasamos después al Método de Actualización:

> Consiste en la obtención del valor de un inmueble por medio del análisis de sus ingresos y egresos durante un período de tiempo determinado

Y al Método del Valor Residual.

> Se utiliza para hallar el valor de repercusión del suelo en un inmueble o de un edificio a rehabilitar.

Con sus dos variantes, diferenciadas en función del uso que hagamos del factor tiempo:

Residual Estático

El valor del inmueble se halla capitalizando los valores de ingresos-gastos de la futura promoción, a la fecha de valoración.

Residual Dinámico

El valor del inmueble es hallado actualizando el flujo de caja de la futura promoción, año a año.

Todo ello salpicado con profusos ejemplos, tal y como habíamos prometido.

En la siguiente entrega comenzaremos con otro tema interesante: las valoraciones de bienes muebles y derechos reales.

1.- La diferencia fundamental entre el Método residual estático y dinámico radica en:

> A.- La consideración de los flujos de caja en el tiempo.
> B.- la rentabilidad de la promoción.
> C.- El tipo de inmueble a tasar.

2.- El Método de Actualización se caracteriza por:

> A.- Se debe determinar una prima de Riesgo y un beneficio de promotor.
> B.- Se utiliza para valorar inmuebles en alquiler o ligados a una actividad económica.
> C.- No tiene en cuenta el Valor del Suelo.

3.- La siguiente formula

$$F = VM \times (1 - b) - \sum C_i$$

Se utiliza para:

> 1.- Determinar el Margen de beneficio del promotor en el Método del Valor Residual dinámico.
> 2.- Determinar el valor del terreno o inmueble a rehabilitar en el Método del Valor Residual Estático.
> 3.- Determinar la Prima de Riesgo del promotor para el caso de viviendas de 1º residencia.

3.1. VALORACIÓN DE DERECHOS REALES

3.1.1. Introducción

Los derechos reales son aquellos que se ejercen de forma directa e inmediata sobre la cosa.

Su cálculo es directo por aplicación del Código Civil o la legislación correspondiente (Ley de Arrendamientos Urbanos para el caso de traspasos e indemnizaciones de viviendas y locales comerciales), que determina la metodología a emplear y sus valores mínimos en caso de utilizarlos para valoraciones administrativas.

3.1.2. Clasificación

Los derechos reales sobre bienes inmuebles pueden clasificarse en dos grupos; los tipificados por el Código Civil:

- Derechos de goce y disfrute
- Derechos de garantía
- Derechos de adquisición preferente.

y los derivados del contrato de arrendamiento:

- Derecho de traspaso.
- Derecho a indemnización

que serán de distinta resolución según la Ley de Arrendamientos Urbanos que corresponda aplicar, dependiendo de la fecha del contrato de arrendamiento.

Como en otros casos, estas valoraciones pueden dividirse en dos grupos: Valoraciones Administrativas y Valoraciones Libres. Las primeras están ligadas a una normativa legal y con fines fiscales, urbanísticos, expropiatorios o para determinadas entidades financieras. Las segundas están ligadas a las leyes del mercado.

Estas últimas, como sucedía con las valoraciones de inmuebles, utilizan los mismos métodos que las administrativas, sólo que modificando los coeficientes de aplicación que fija el mercado en cada momento. Los veremos más adelante.

Vamos a concentrarnos, pues, en el primer grupo: las valoraciones administrativas.

3.1.3. Valoraciones administrativas

Podemos dividirlas, según la normativa que regula su cálculo, en:

Las derivadas de las leyes tributarias.

> Vienen determinadas por la Ley de Impuesto sobre Transmisiones Patrimoniales y la Ley de Sucesiones y Donaciones: son el Usufructo, la Nuda Propiedad, el Uso y Habitación, las Hipotecas, las Prendas y Anticresis, etc.

Las derivadas del Código Civil.

> Servidumbres, Censos, Hipotecas, etc.

Las derivadas de las Leyes de Arrendamientos Urbanos, del Suelo y de Expropiación forzosa.

> Traspasos, expropiaciones, etc.

Las utilizadas en valoraciones para determinadas entidades financieras. [18]

> El derecho de superficie.
> La concesión administrativa.
> La nuda propiedad, usufructo, uso y habitación.
> Las limitaciones de dominio.
> Las opciones de compra sobre inmuebles.
> Tiempo compartido.
> Compromisos de compra a plazos.

---

[18] Estos derechos reales son llamados también "limitaciones" que recaen sobre el bien. No se analizarán las valoraciones de Opciones de Compra ni de Compromisos de Compra a Plazos, por no se del ámbito de las entidades de crédito

3.1.3.1. Usufructo, Nuda Propiedad, Uso y Habitación

La valoración de estos derechos se basa en la determinación previa de una base para el prorrateo de las proporciones correspondientes de cada derecho.

Esta base estará determinada por la actualización de los flujos de caja que produce el inmueble a tasar, calculados de acuerdo al tipo de inmueble de que se trate. Para el caso de edificios será el flujo de caja que produce durante su vida útil (ECO, Artº 28) y para fincas rústicas el producido hasta el final del período de explotación de la misma (ECO, Artº 30).

El Usufructo de ese inmueble consiste en el **Valor Actual Actuarial** de esos flujos durante el período que se mantenga el derecho a valorar. Este valor actual actuarial (ECO, Artº 55) es una fórmula matemática clásica de actualización, como las ya vistas, pero con la particularidad de estar afectada de un coeficiente que tiene en cuenta la edad del o los titulares del derecho y si el usufructo es temporal o vitalicio. Estos coeficientes están calculados en base a tablas de supervivencia utilizadas en seguros.

Resumiendo, los pasos a seguir son:

- Se determina la base para hallar los porcentajes de cada derecho. (base de prorrateo).
- Mediante la fórmula correspondiente (renta vitalicia o temporal, uno o varios titulares del derecho) se determina el valor actual de la renta temporal o vitalicia.
- Se calcula el porcentaje que esta renta representa sobre el total del punto primero.
- Los porcentajes así hallados se aplican al valor de tasación del inmueble objeto del derecho calculado, de acuerdo al método que corresponda según la ECO.

El Uso y Habitación se halla por cálculo directo, dividiendo el valor del Usufructo por 1,12.

Mejor veamos un sencillo ejemplo.

Calcular el valor de un usufructo temporal de 20 años y de la nuda propiedad sobre una finca de regadío, cuyo valor de mercado es de 300,00 UM., con unas rentas anuales de 100 UM (flujo de caja de 1.900 UM). El usufructuario es de sexo masculino y 46 años de edad.

Primero deberemos determinar el valor actual actuarial de la renta para el caso de renta temporal según la fórmula:

$$VAA = \sum C_t . (1 + i)^{-t} ._t P_x$$

donde:

- VAA = Valor Actual Actuarial.
- C_t = Importe de los flujos de caja en el momento t.
- $_t P_x$ = Probabilidad de que el usufructuario de edad x viva t años más.
- x = Edad del usufructuario en el momento del cálculo.
- i = Tasa de actualización según el Artº 32 (deuda pública como mínimo) según ECO y EHA.

De tablas, para un varón nacido en 1960, con finalización del derecho en 2026 a los 66 años de edad, el coeficiente hallado es 0,8572.

Los flujos de caja se calculan para los 20 años de vigencia del derecho, y se tomará una tasa de actualización anual de 4,07 % (interés medio de la deuda pública según Tesoro Público al 30/04/2012) [19]

Por lo tanto nuestra formula queda así:

$$VAA = 1.900 \times (1+0,0407)^{-20} \times 0,8572$$
$$VAA = 733,37 \text{ UM } [20]$$

Y teniendo en cuenta que nuestra base de prorrateo estará formada por el valor actualizado de los flujos de caja durante el período de explotación de la finca - los supusimos en 1.900 UM.-, entonces la proporción del VAA sobre ese flujo es de 38,60 %, por lo tanto, aplicado esto al valor actual de la finca de 300 UM. Nos queda:

Usufructo: 115,80 UM
Nuda propiedad: 184,20 UM [21]
Uso y Habitación: 103,39 UM [22]

---

[19] http://www.tesoro.es/doc/SP/home/estadistica/03.pdf
[20] En este caso particular, los valores correspondientes a los flujos de caja son coincidentes, pero no tiene porqué ser así.
[21] Valor actual - Usufructo
[22] Usufructo/1,12.

3.1.3.2. Servidumbre de Paso y Limitaciones de dominio

Es el valor del derecho real de servidumbre de paso que disfruta el propietario del predio dominante como consecuencia de la utilización del predio sirviente.

Según el Código Civil, Art. 564:

...tiene derecho a exigir paso por las heredades vecinas, previa la correspondiente indemnización. Si esta servidumbre se constituye de manera que pueda ser continuo su uso para todas las necesidades del predio dominante estableciendo una vía permanente, la indemnización consistirá en el valor del terreno que se ocupe y en el importe de los perjuicios que se causen en el predio sirviente. Cuando se limite al paso necesario para el cultivo de la finca enclavada entre otras y para la extracción de sus cosechas a través del predio sirviente sin vía permanente, la indemnización consistirá en el abono del perjuicio que ocasione este gravamen.

Que viene a ser lo que la ECO también dice: se determinará el valor del inmueble con y sin servidumbre, por el método que corresponda según la ECO. El valor de la servidumbre será la diferencia entre ambos.

Como se puede ver, la legislación no se mete demasiado en el tema, y lo deja a criterio del profesional tasador.

3.1.3.3. Tiempo compartido

Llamamos "tiempo compartido" al derecho de aprovechamiento por turnos de bienes inmuebles de uso turístico.

El procedimiento indicado por la ECO no deja de ser una actualización de rentas, calculando los flujos de caja esperados de cada uno de los períodos susceptibles de cesión, los flujos de caja de los ya cedidos y comparando con los valores de mercado o VRN, por lo que para no aburrir repitiendo conceptos, os remitimos a la lectura del Art.º 59.

3.1.3.4. Concesiones Administrativas y Derechos de Superficie

Se trata de un acto de la Administración Pública por el que se concede a un particular el uso exclusivo de algún bien de dominio público. Son ejemplos típicos los aparcamientos subterráneos y las naves en jurisdicción portuaria o en zonas francas.

Es un contrato temporal, con el plazo máximo fijado por ley, entre la Administración y el concesionario, cuyo contenido mínimo establece un uso al concesionario a cambio del pago de un canon anual.

El valor de este derecho se halla restando del valor del inmueble supuesto, libre de cargas y en régimen de plena propiedad -estimado de acuerdo al método que le sea de aplicación-, las cantidades siguientes (ECO, Artº 54, punto 3):

El Valor actual de todas las cantidades que se deban pagar en el futuro por razón de la cesión.

El Valor actual del valor de reversión del inmueble al finalizar el plazo de la concesión.

En ambos casos, el cálculo del valor actual se realizará de acuerdo con el procedimiento previsto en el **Método Residual Dinámico** (ver punto 2.4.3).

El plazo de la concesión será el indicado en la documentación. No obstante, si se tienen datos de transacciones similares, se podrá utilizar el Método de Comparación (Valor de mercado).

Así pues, el valor de tasación vendrá dado por:

$$VT = VM - \sum C / (1+i)^t - VR / (1+i)^r$$

donde

VT = Valor de tasación.
VM = Valor actual del inmueble supuesto en propiedad.
C = Cantidades pendientes de pago por canon o similar.
i = Tasa de actualización.
t = Tiempo hasta la fecha de cada uno de los pagos anteriores.
VR = Valor de reversión o residual del inmueble.
r = Duración del derecho que se valora.

Calcularemos el VR según lo visto en el punto 2.3.2.1. El resultado será el CRN previsible al final de ésta más el valor de mercado del suelo en la fecha de tasación, ajustado en una plusvalía o minusvalía razonable y justificada.

El tipo de actualización se determina como en el método residual dinámico.

Ejemplo

Nave construida en solar de 4.352,7 m².
Superficie construida sobre rasante: 3.062,70 m².
Antigüedad de la construcción 6 años, plazo de la concesión 40 años.
Plazo para terminar la concesión: 34 años, canon de 200 UM/m²/año.

Método de Valoración

La Valoración del inmueble objeto del presente informe se hará de acuerdo con la Orden ECO/850/2003 y sus modificaciones para la Tasación de Derechos Reales del Ministerio de Economía y Hacienda, sobre normas de valoración de bienes inmuebles para determinadas entidades financieras.

El Art.º 54.3 establece que el derecho de superficie se valorará restando del valor del inmueble, supuesto en régimen de plena propiedad, las siguientes cantidades:

a) El valor actual de todas las cantidades que deba pagar en el futuro el superficiario por razón de la cesión del derecho, conservación y adaptación del edificio, etc.

b) El valor actual del valor de reversión del inmueble en el momento de extinguirse el derecho de superficie.

Para ello determinaremos los siguientes valores:

Valor de Mercado del inmueble (VM)

Determinaremos el Valor de Mercado del inmueble, supuesto en régimen de plena propiedad, mediante el Método de Comparación, aplicando el Valor Medio Ponderado adoptado.

VM = 4.352,70 m² x 1.000 UM/m² = 4.352.700,0 UM.

Valor Actual de los gastos pendientes (G)

a) Valor Actual del canon pendiente.

Superficie construida sobre rasante: 3.062,70 m².

Plazo para terminar la concesión: 34 años.
Canon: 200 UM/m²/año.

Importe total del canon pendiente:
3.062,70 x 200 UM/año x 34 años = 20.826.360 UM.

Tasa de actualización adoptada: (15,119 + 14) = 29,119%

$$C = 20.826.360 / (1 + 0,29119)^{34} = 3.507,1 \text{ UM.}$$

b) Gastos de conservación y adaptación.

En concepto de gastos de conservación y adaptación del edificio estimaremos una cantidad de 1.000 UM/m².

El Valor Actual de estos gastos será:
$$3.062,70 \text{ m}^2 \times 1.000 \text{ UM/m}^2 / (1 + 0,29119)^{34} = 515,75 \text{ UM.}$$

Valor Actual de los Gastos Pendientes (G):
$$G = 3.507,1 + 515,75 = 4.022,85 \text{ UM.}$$

Valor Actual del Valor de Reversión del inmueble

Dado que con el transcurso del tiempo el valor del suelo se incrementa mientras que el de la construcción disminuye, valoraremos ambos conceptos en UM constantes.

a) Valor Actual del solar:

Adoptaremos un Valor actual de repercusión del solar de 350 UM/m² edificable sobre rasante, lo que arroja una cantidad de 1.071.945,0 UM.

b) Valor Residual de la construcción:

Coste de Reposición Bruto (CRB):
$$CRB = 4.352,70 \times 800 \text{ UM/m}^2 = 3.482.160,0 \text{ UM.}$$

Vida útil del edificio: 50 años.
    Edad al finalizar el período: 40 años.
    Depreciación (d): 40 / 50 = 0,80.

Coste de Reposición Neto (CRN):
$$CRN = 3.482.160,0 \times (1 - 0,80) = 696.432,00 \text{ UM.}$$

Valor de Reversión del inmueble (R):
$$R = 1.071.945,0 + 696.432,00 = 1.768.377,00 \text{ UM.}$$

Valor Actual del inmueble (VA)

$$VA = VM - G - VR;$$
$$VA = 4.352.700,0 - 4.022,85 - 1.768.377,00 = 2.580.300,15 \text{ UM.}$$

3.1.3.5. Traspasos

Llamamos "traspaso" al bien intangible representado por el valor que adquiere una determinada actividad comercial por razones de situación geográfica, exclusividad, etc.

Como todo bien tiene su propio Valor de Mercado y es susceptible de compraventa. Hallar ese valor es similar a todo lo ya visto: búsqueda de testigos, homogeneización, valor medio ponderado, etc. El valor del traspaso dependerá de lo que indique la Ley de Arrendamientos Urbanos que le sea de aplicación.

El traspaso pueden realizarlo tanto el Propietario como el Arrendatario (en este último caso se llama *Cesión del contrato*, según la Ley de Arrendamientos Urbanos). Para nuestro estudio, nos limitaremos a analizar el caso de que el arrendatario actual decida traspasar a otro el arrendamiento del local comercial supuesto en funcionamiento.

> Cuando hablamos de Traspaso y su valoración, estamos asumiendo que el nuevo arrendatario/propietario mantendrá la actividad económica para aprovechar el beneficio adicional que representa la clientela y prestigio de un local comercial existente.

Las distintas leyes de arrendamiento que se han venido sucediendo han abordado de una u otra forma la cesión de este derecho. Sin llegar a hacer juicios de valor sobre el tratamiento que cada una de ellas ha hecho, las diferencias fundamentales se encuentran en dos temas: la necesidad del consentimiento del propietario a dicha cesión y la cantidad económica que le podría corresponder a éste por esa operación comercial.

Antes de comenzar con los supuestos prácticos, vamos a analizar brevemente cómo trata la LAU a los traspasos.

Ley de Arrendamientos Urbanos [23]

En su Art. 32. Cesión del contrato y subarriendo, dice:

1.- ...el arrendatario podrá subarrendar la finca o ceder el contrato de arrendamiento sin necesidad de contar con el consentimiento del arrendador.

---

[23] Ley 29 del 24/11/1994 (BOE 25-11-94). Se puede leer el texto consolidado de la LAU vigente al 30 de mayo de 2012 en: http://www.boe.es/aeboe/consultas/bases_datos/act.php?id=BOE-A-1994-26003

2.- El arrendador tiene derecho a una elevación de renta del 10 por 100 de la renta en vigor en el caso de producirse subarriendo parcial, y del 20 en el caso de producirse la cesión del contrato o el subarriendo total de la finca arrendada.

Y finalmente,

4.- ...deberá notificarse de forma fehaciente al arrendador en el plazo de un mes desde que aquélla se hubiera concertado.

Y le siguen una serie de Disposiciones transitorias que intentan adecuar a esta nueva norma los contratos celebrados con anterioridad:

- D.T. 1ª. Contratos celebrados a partir del 9 de mayo de 1985. En su punto 2.

- D.T. 3ª. Contratos de arrendamiento de local de negocio celebrados antes del 9 de mayo de 1985.

Aconsejamos leerlas del texto original, al igual que tener a mano la Ley de 1964 para entender mejor los casos prácticos y los artículos de la ley que en ellos se citan.

Cualquiera que sea la Ley de arrendamientos y/o cláusulas contractuales que sean de aplicación, el cálculo del valor del traspaso siempre estará en función del ahorro que le supondría al nuevo arrendador subrogarse en la renta existente en lugar de la de mercado, descontado el beneficio que podría obtener el propietario en esta operación.

Un informe de tasación de un traspaso es similar al de los inmuebles, salvo que en el apartado "CÁLCULO DE LOS VALORES TÉCNICOS" se utilizan los considerandos de la LAU correspondiente y el clausulado del contrato. Por esta razón, sólo reproduciremos ese punto.

Sin entrar en más detalles, pasamos a describir la operatoria de trabajo.

Para hallar el valor de traspaso de un local comercial es necesario tener en nuestro poder ciertos datos fundamentales:

◈ Contrato de Arrendamiento vigente.

⇨ Servirá para saber al amparo de qué LAU se acordó el arrendamiento.
⇨ Puede darse el caso de que en el contrato se aclaren aspectos sobre el traspaso, sin perjuicio de lo indicado en la LAU.

◈ Comprobante del último pago de la renta.

⇨ Si no tenemos este dato, se deberá actualizar por IPC el último dato conocido.

◈ Cantidad que abona el arrendatario en concepto de gastos.

⇨ Para determinar la renta neta, libre de cargas. En caso de desconocer este dato, se aplicará un porcentaje de gastos comprendido entre el 20 y 25% sobre la renta bruta anual.

◈ Edad del titular del contrato de arrendamiento.

⇨ En algún caso, para determinar el tiempo de contrato restante.

◈ Superficie del local.

Si carecemos de alguno de estos datos, debemos dejar constancia de ello en el apartado *Observaciones* del informe de tasación, y también debemos señalar cómo y en base a qué supuestos hemos determinado ese valor que nos faltaba.

Pasamos, pues, a los casos prácticos.

Ejemplo 1

Embargo de local de 50 m^2 de superficie con una renta de 450 UM/mes y contrato de 1977.

Cálculo de los valores Técnicos:

El contrato de alquiler es del año 1977, por lo que se rige por la Ley de 1964 para su traspaso. Por lo tanto, el propietario tiene el derecho de tanteo y retracto.

El contrato tendrá una vigencia de veinte años, contados a partir de la entrada en vigor de la nueva Ley de Arrendamientos Urbanos (LAU 1994: entrada en vigor 1/1/1995), por lo que le restarían, realizando un traspaso en este momento, año 2012, 3 años de contrato.

En nuestro caso, valoraremos el valor del traspaso sólo en cuanto al supuesto ahorro de alquiler del local en cuestión, sin aplicar el valor añadido del mobiliario, cocinas y clientela. Tampoco usaremos datos de la explotación económica por carecer de ellos.

Por todo lo anteriormente expuesto, y según valores de mercado actuales en la zona y para un local similar, el valor medio ponderado (VMP) de alquiler es de 12 UM/m^2 al mes. El local tiene una superficie de 50 m^2, por lo cual la renta total al mes sería de 600 UM/mes, que son unas 7.200 UM al año.

Según la información de que disponemos, la renta del local es de 450 UM/mes, 5.400 UM al año.

En consecuencia, la cantidad que se ahorraría a lo largo de un año un hipotético nuevo inquilino que aceptase el traspaso sería de:

7.200 - 5.400 = 1.800 UM al año

Como quedan 3 años de contrato, el ahorro total sería de 3 x 1.800 = 5.400 UM.

Así, el valor neto del traspaso posible será de 5.400 UM.

Ejemplo 2

Embargo de local de 20 m^2 de superficie aproximada con una renta actual desconocida, teniendo como último dato la de Abril de 1999: 140 UM/mes. El contrato es de 1936.

Cálculo de los valores técnicos:

Se desconoce si el traspaso del local comercial viene estipulado en el contrato de alquiler.

Por ser éste del 1º de febrero de 1936, y de acuerdo a la Disposición Transitoria 3, apartado A, sección 1 de la L.A.U del 24-11-94, se rige por la Ley de 1964.

Por tanto, el propietario está facultado para ajustar la renta por el índice de precios al consumo o coste de vida (DT3º, apartado C, sección 6 1era).

De acuerdo a la disposición transitoria 3º, apartado B, sección 3, se extinguirá el contrato con la jubilación o fallecimiento del actual titular.

Según manifestaciones de la arrendataria, su estado civil actual es de viudedad y tiene 74 años.

Según el Instituto Nacional de Estadística, la esperanza de vida femenina para 2012 es de 84,91 años, por lo que, si nos atenemos a esto, a este contrato le restan 11 años. [24]

El valor del traspaso está en función de dos condicionantes:

-Del ahorro que supone la renta antigua en comparación con precios de alquileres de la zona en el momento actual.

[24] Fuente INE, esperanza de vida de 2010, ultimo dato disponible del INE

-De la clientela y acondicionamiento del local a traspasar, así como de su supuesta explotación económica.

En nuestro caso, valoraremos el valor del traspaso sólo en cuanto a supuesto ahorro de alquiler del local en cuestión, sin aplicar el valor añadido del mobiliario, cocinas y clientela.

Tampoco utilizaremos datos de la explotación económica por carecer de ellos.
Por todo lo anteriormente expuesto, y según valores de mercado en la zona para un local del entorno, el precio normal de alquiler en estos momentos sería de alrededor de 84 UM/m² mes.

El local tiene una superficie aproximada de 20 m², según se pudo apreciar en la visita, por lo cual la renta total sería de 1.680 UM/mes, que son unas 20.160 UM al año.

No se ha facilitado la renta actual, por lo que se procederá a actualizar la última renta disponible, de abril de 1999, con el índice de precios al consumo:

Renta año abril 1999:   140 UM/mes
IPC anual abril 99/12:   44,70 % (Fuente INE) [25]

Por consiguiente, suponemos que la renta pagada por el local en abril de 2012, fue de 202,58 UM/mes, o 2.430,96 UM/año.

Como quedan 11 años de contrato, el ahorro es de 2.430,96 x 11 = 26.740,56 UM, por lo que el valor del traspaso posible sería esa misma cantidad.

---

[25] Fuente INE, actualización de rentas http://www.ine.es/calcula/index.do?L=O

3.2.1. Introducción.

Otra vertiente interesante de las valoraciones es la de los bienes muebles, entendiendo como tales los vehículos de todo tipo (turismos, camiones, maquinaria de obra, etc.), el mobiliario (de oficina, de hostelería, etc.) y la maquinaria (de talleres, panaderías, industrias, etc.)

Este tipo de valoraciones se presenta en la mayoría de los casos en Seguros, o ligadas a embargos y subastas por impagos a la Administración Pública, por ejemplo, la Tesorería de la Seguridad Social o la Delegación de Hacienda. En estos últimos casos, es frecuente contar previamente con un inventario de los bienes a tasar en el cual se describen características técnicas, su estado o situación, etc.

Pero la gran diferencia con lo visto hasta ahora es que para realizar estas valoraciones no hay que seguir el procedimiento ni los métodos indicados en la ECO, aunque el informe de valoración se parece bastante.

En este tipo de tasaciones se debe hallar, básicamente, el Valor de Mercado; es decir, debemos aplicar el **Método de Comparación**.

Más adelante estudiaremos dos ejemplos reales: la valoración de un vehículo y la del mobiliario de un bar.

3.2.2. Valoración de vehículos

Cualquiera que sea el tipo de vehículo a tasar, el procedimiento es básicamente el mismo y podemos resumirlo en los siguientes pasos:

> A.- Inspección in-situ
> B.- Obtención de datos técnicos del vehículo
> C.- Obtención de datos del mercado
> D.- Elaboración del informe de tasación

A.- Inspección in-situ:

En esta fase es muy importante observar, dentro de lo posible, los siguientes aspectos del vehículo:

- Estado exterior: Chapa, pintura, neumáticos, cristales.
- Estado interior: Caja, habitáculos, tapizados, etc.
- Estado de los neumáticos: Desgaste, condición, marca, modelo.
- Mecánica: Arranque, pérdidas de aceite, ruidos, comportamiento en carretera.

> Y decimos "dentro de lo posible", ya que, en las ocasiones en que estas tasaciones surgen para casos de embargo, no siempre es posible estudiar todas las partes del vehículo. Pueden existir precintos, o que no contemos con las llaves para acceder al interior, capot y maletero o para encender el motor.

En la visita debemos procurar hacer un minucioso reportaje fotográfico que nos servirá de apoyo gráfico y de gran ayuda para la elaboración del informe.

B.- Obtención de datos del vehículo:

Nos referimos a los datos técnicos que figuran en la documentación propia del vehículo: tipo y potencia del motor, propietario legal, número de matrícula, año de matriculación, inspecciones técnicas realizadas y resultados, color original, etc.

> En el caso de vehículos de carga es importante saber si poseen la Tarjeta de Transporte, obligatoria para su circulación como vehículo de transporte de mercancías, y conocer su antigüedad; ambos datos son fundamentales para este tipo de vehículos.

Esta información la tiene, por lo general, el propietario o, en caso de embargo, el estamento administrativo que lo haya iniciado.

Marca: OPEL
Tipo: 92/C16E
Variante: 5 PUERTAS
Denominación comercial: OPEL ASTRA
Tara (kgf): 1020
PTMA/PMA (kgf): 1510
PTMA/PMA 1.º E (kgf): 760
PTMA/PMA 2.º E (kgf): 750
PTMA/PMA 3.º E (kgf): _____
PTMA/PMA 4.º E (kgf): _____
PMR S/F, C/F (kgf): 500/1000
N.º y dim. neumáticos: 4- 175/70R13
N.º de asientos: 5
Volumen de bodegas: _____

Clase según R. 36: _____
Altura total (mm): 1410
Anchura total (mm): 1696
Vía anterior/posterior (mm): 1430/1429
Longitud total (mm): 4051
Voladizo posterior (mm): 756
Distancia eje 1.º/2.º (mm): 2517
Distancia eje 2.º/3.º (mm): _____
Distancia eje 3.º/4.º (mm): _____
Distancia 5.ª rda./ult. (mm): _____
Motor: Marca OPEL
Tipo C-X16SZR
N.º Cilindros/Cilindrada (cm³): 4/1598
Potencia fiscal/real (C.V.F./kW): 11,69/55

Ejemplo de Tarjeta de Inspección Técnica de Vehículos perteneciente a un turismo Opel Astra. Se pueden observar claramente los datos necesarios para nuestro informe.

C.- Obtención de datos del mercado

Una vez en posesión de los datos técnicos, debemos averiguar el valor de mercado de un vehículo de esas características.

Como fuente de información utilizaremos revistas especializadas que, por suerte, existen en gran cantidad y calidad, así como Internet, consultas a concesionarios, a compraventas, etc.

La búsqueda debe realizarse por marca, tipo y antigüedad del vehículo a tasar; así se obtendrán una serie de valores de mercado que debemos evaluar para saber hasta qué punto se asemejan a nuestro caso (es importante nuestra capacidad de observación y experiencia, ya que no siempre es posible inspeccionar el vehículo que se utilizará como referente de valor de mercado). Con los datos obtenidos, calculamos la media y obtenemos un único Valor de Mercado.

D.- Elaboración del informe de tasación.
En esta fase volcamos en nuestro informe los datos del trabajo de campo.

Para la obtención del Valor de Tasación, necesitamos conocer costes de reparaciones, tanto de mecánica como de chapa y pintura. Restaremos estos costes, en caso necesario, al vehículo objeto de tasación para adaptarlo al vehículo de mercado.

Conceptualmente, esto es similar a los Coeficientes de Ponderación que se aplicaban para la obtención del valor de mercado de bienes inmuebles; se trata de adaptar el vehículo a valorar al de mercado, para obtener un valor lo más cercano posible a la realidad.

Por ello son fundamentales las apreciaciones visuales que realicemos durante la visita, ya que nos servirán para determinar las reparaciones necesarias y los costes que habrá que afrontar.

3.2.2.1. Informe de Tasación.

Una vez en posesión de los datos, fotos y documentación, preparamos nuestro informe.

Éste debe contener los siguientes apartados:

Índice:

> Guía del contenido del informe, haciendo mención a un número de tasación o expediente asignado.

Objeto del informe:

> Se detalla el tipo y modelo del vehículo, así como el solicitante del informe.

Titular:

> Propietario actual

Características técnicas del vehículo:

> Datos técnicos del mismo: marca, modelo, peso, dimensiones, tipo de motor, potencia, datos de importación si fuese el caso, etc.

Comprobaciones de posibles alteraciones:

> Se describen las alteraciones sobre la realidad física del vehículo.

Descripción e inspección del estado actual:

Se exponen de forma detallada las comprobaciones realizadas en el motor, el interior y exterior de chapa, pintura y cristales, tapicería, neumáticos, kilometraje actual, color actual, tipo de vehículo, accesorios existentes, observaciones sobre pérdidas de agua, aceite, correas, instalación eléctrica, etc.

Comentario final.

Presupuesto de puesta a punto.

Se determinan y valoran las reparaciones de mecánica, chapa y pintura necesarias para asimilarlo al valor de mercado hallado con la media de nuestros testigos.

Valor de Tasación

Se determina el valor del vehículo objeto de tasación, aplicando al valor de mercado los costes del punto anterior.

Advertencias.

Espacio reservado para enumerar las comprobaciones que hayan sido imposibles de realizar y el motivo.

Observaciones.

Son consideraciones que, a juicio del tasador, pueden alterar el valor, como por ejemplo, que por carecer de llaves no se haya podido inspeccionar el motor. Estas observaciones casi siempre surgen como consecuencia de las Advertencias del punto anterior.

Fecha, nombre y firma del tasador.

También es frecuente adjuntar una Ficha resumen con los datos más relevantes:

Número de Tasación y/o Expediente.
Solicitante y Finalidad de la Tasación.
Titular del bien.
Identificación del bien.
Método de Valoración utilizado.
Valor de Tasación.

Para fijar conocimientos, analizamos un caso real.

Ejemplo

Se trata de determinar el valor de un vehículo que saldrá a subasta pública. Se encuentra en el depósito municipal, precintado y cerrado.

1.- OBJETO DEL INFORME

El objeto del presente documento es determinar el valor de tasación del vehículo:

VEHÍCULO
TIPO: TURISMO
MARCA: ZZZZ
MODELO: SS
MATRÍCULA: 1111 AAA

Por encargo que realiza _____ a la Sociedad de Tasaciones y Valoraciones X, S.A..

Para la ejecución del presente informe-valoración se ha realizado visita de inspección técnica el día 20 de agosto de 2006 en el depósito municipal, sito en la Avda. _____, nº ___, en ____, Provincia de _____.

2.- TITULAR

Titular: Titular actual, S.L.

3.- CARACTERÍSTICAS TÉCNICAS DEL VEHÍCULO EN ORIGEN

MARCA: ZZZZ
TIPO: TURISMO
VARIANTE: Se desconoce
DENOMINACIÓN COMERCIAL: SS

PESO Y DIMENSIONES

TARA: 1.1200 kg.
PMA.:   No corresponde.
PTMA/PMA. 3ºE: No corresponde.
PMR S.F./C.F.:   No corresponde.
VOLAD. PTE.:   No corresponde.
DIST. EJE 2º/3º: No corresponde.

MOTOR

MARCA: Se supone el original. No hay datos de variaciones al respecto.
Nº CILINDROS: Se desconoce, se suponen 4

POTENCIA FISCAL: 13,21 HP
COMBUSTIBLE: Gasóleo
CILINDRADA   1.974 cm3
POTENCIA REAL: Se desconoce

DATOS DE IMPORTACIÓN DEL VEHÍCULO

No se tienen datos.

4.- COMPROBACIÓN DE POSIBLES ALTERACIONES SUSTANCIALES

En las comprobaciones realizadas sobre la realidad física del vehículo no se han detectado alteraciones sustanciales.

5.- DESCRIPCIÓN E INSPECCIÓN DEL ESTADO ACTUAL

5.1 base para la inspección

Se ha tenido acceso a las siguientes partes del vehículo:

MOTOR: No
ARRANQUE DEL MOTOR: No
INTERIOR: No
MALETEROS: No
PRUEBA DINÁMICA: No

5.2- condiciones de uso actuales

Matrícula: 1111 AAA.
Antigüedad: Año 1997.
Kilometraje: 55.500 km
Color de pintura: blanco

5.3 descripción

5.3.1 descripción general

Vehículo del tipo turismo de cinco plazas y 5 puertas.

5.3.2 equipos opcionales observados

Pintura metalizada: Sí
Cambio automático: No
Cristales tintados: No
Teléfono: No
ABS.:   Se desconoce
Airbag: Sí
Aire acondicionado: No
Llantas: Sí

Dirección asistida:	Sí
Equipo de música:	No
Techo solar:	No
Tapicería:	Tela

5.3.3 estado del vehículo

Pintura:
Presenta un estado general bueno y con buena conservación del acabado exterior.

PARTE FRONTAL Y TRASERA

Paragolpes: Metálicos revestidos en PVC con faldón de PVC. Roto el faldón central de la parte delantera. Paragolpes trasero con abolladura. Ambos paragolpes presentan rozaduras.

Faros e intermitentes:	Bien.
Capot y faldones:	Bien.
Lunas:	Bien

COSTADOS

Aletas delanteras:	Bien
Puertas delanteras:	Bien. Con roces en la derecha
Puertas traseras:	Con roces en la trasera izquierda y roces y abolladura en la trasera derecha
Aletas traseras:	Bien
Cristales:	Bien
Espejos:	Bien

INTERIOR

Asientos:	Bien
Puertas:	Bien
Techo interior:	Bien
Tapicería:	Bien

Observaciones:

MOTOR (no ha sido posible la realización de pruebas, pero sí la inspección ocular).

Pérdidas de aceite:	No se observan manchas
Manguitos:	Se desconoce
Sistema electrónico:	Se desconoce
Humos de escape:	Se desconoce. El tubo de escape aparece en estado normal
Pérdidas de agua:	No se observan
Correas:	Se desconoce
Aceleración:	Se desconoce
Vibraciones:	Se desconoce

INSTALACIÓN ELÉCTRICA

Batería:	Se desconoce
Alternador:	Se desconoce
Luces e intermitentes:	Se desconoce
Frenos de servicios:	Se desconoce
Caja de cambios, estado:	Se desconoce
Funcionamiento de embrague:	Se desconoce
Motor de arranque:	Se desconoce

ESCAPE

Fugas: Se desconoce.

NEUMÁTICOS

Delanteros:
Marca:	PIRELLI P4000
Estado general:	Normal
Estado de llantas:	Correcto. Con tapacubos plástico
Dimensiones:	185/65 R14

Traseros:
Marca:	BRIDGESTONE REGNO
Estado general:	Normal
Estado de llantas:	Correcto. Con tapacubos plástico
Dimensiones:	185/65 R14

COMENTARIO DEL ESTADO GENERAL:

El vehículo se encuentra en buen estado, con rozaduras leves. En el paragolpes trasero se aprecia una abolladura por choque. No existen signos externos que indiquen alteraciones en su funcionamiento ni estabilidad. El interior se encuentra en estado normal.

6.- PRESUPUESTO DE PUESTA A PUNTO.

Reparaciones pendientes para su puesta a punto:

Mecánica:	7 UM (Revisión general de mantenimiento)
Chapa:	10 UM
Pintura:	15 UM

TOTAL PRESUPUESTO ESTIMADO DE PUESTA A PUNTO: 32 UM.

7.- VALOR DE TASACIÓN

Valor medio nuevo:	2.000 UM.
Valor de mercado:	1.700 UM.
Coste de puesta a punto:	32 UM.
TOTAL:	1.668 UM.

Valor de tasación: MIL SEISCIENTAS SESENTA Y OCHO UNIDADES MONETARIAS (1.668 UM).

8.- ADVERTENCIAS

No ha sido posible la realización de pruebas ni la inspección ocular del motor del vehículo por carecer el depositario de las llaves del mismo.

9.- OBSERVACIONES

La valoración se ha realizado suponiendo que el vehículo tasado tiene la totalidad de los permisos necesarios para circular.

El vehículo se encuentra en el depósito municipal desde el día dd de julio de aaaa.

En _____ , a dd de mes de aaaa.

El técnico   La Sociedad

3.2.3. Valoración de Mobiliario

El procedimiento es básicamente el mismo que en el caso anterior o incluso más sencillo. Podemos describirlo en estos tres pasos:

> A.- Inspección in-situ.
> B.- Obtención de datos del mercado.
> C.- Elaboración del informe de tasación.

A.- Inspección in-situ:

Aquí debemos distinguir dos tipos de visitas. Puede darse el caso de que realicemos la visita en el mismo comercio en el cual se encuentra el mobiliario objeto de tasación, es decir, donde éste está en uso, o bien puede que tengamos que realizar la valoración en algún tipo de almacén o depósito. Esta última circunstancia, por lo general, lleva aparejada la posibilidad de que los elementos a tasar estén desmontados a causa de su traslado.

En el primer caso, debemos ponernos de acuerdo con el propietario para realizar la visita, que suele llevarse a cabo en horas y días poco frecuentados para evitar publicidad indeseada. El segundo, obliga a nuestra imaginación a ponerse a trabajar para descubrir si todas las piezas de un mismo mueble o maquinaria están allí.

Sea cual sea el caso, debemos observar y tomar notas de:

El estado del mobiliario: tapizados, pintura, revestimientos, etc.
Su funcionamiento.
Su antigüedad.
La obsolescencia técnica.

En esta visita realizaremos nuestro reportaje fotográfico que nos servirá de apoyo gráfico y de gran ayuda a la hora de elaborar el informe.

B.- Obtención de datos del mercado

Una vez realizada la visita y obtenidos los datos, debemos averiguar el valor de mercado de los elementos a valorar.

Para ello nuestras fuentes deben ser las empresas suministradoras de los mismos, a las que debemos solicitar presupuestos a nuevo de los muebles a tasar.

Este método suele ser bastante fiable. Sólo conviene tener en cuenta que los precios de catálogo suelen tener condiciones distintas si se trata de un cliente nuevo o según el lugar de entrega. Estas condiciones especiales se materializan en descuentos sobre el precio. Debemos conocer tales descuentos para valorar si tenerlos en consideración o no.

C.- Elaboración del informe de tasación.

Nuevamente la fase de volcar los datos del trabajo de campo.

Para obtener el Valor de Tasación de cada uno de los elementos hay que aplicar una depreciación al valor del bien nuevo respecto al del bien a tasar en función de su antigüedad. Este dato no siempre es conocido, pero de acuerdo al modelo y con ayuda del fabricante y/o vendedor, podemos hacernos una idea de su antigüedad.

Este procedimiento es similar, salvando las distancias, al Coeficiente de Reposición Neto, en el que debemos depreciar el precio del elemento a nuevo para que se asemeje al elemento a valorar y lograr así un valor ajustado a la realidad.

> Depreciamos los objetos porque la comparación se realiza respecto a otros objetos nuevos. Si tuviésemos acceso a muebles usados no sería necesario, siempre que las antigüedades fuesen similares.

3.2.3.1. Informe de Tasación.

Tras realizar la visita, con nuestras fotos y los datos del mercado, procedemos a elaborar el informe.

Éste tendrá los siguientes apartados:

  Índice:
> Guía del contenido del informe, haciendo mención al número de tasación o expediente asignado.

Objeto del Informe:

Se detalla el tipo de mobiliario, así como el solicitante del informe.

Titular:

Propietario actual.

Descripción del Mobiliario:

Se describen los bienes objeto de valoración, haciendo constar en cada uno de ellos:

- Su estado.
- Si está en uso.
- Observaciones, si las hubiese.
- Número de fotografía que le corresponde.

También se indica la localización de los mismos, el o los días en que se realizó o realizaron las visitas, consideraciones respecto a la empresa que los utiliza actualmente, etc.

Procedimiento de Valoración:

Se describen los criterios utilizados para determinar nuestro Valor de Reposición:

- Antigüedad.
- Estado.
- Obsolescencia.

Y el criterio de mercado utilizado:

-
- Vida útil estimada para aplicar la depreciación.
- Porcentaje de depreciación aplicada y justificación.
- Método utilizado de homogeneización de valores de mercado.

Incidencias:

Las que el tasador considere pertinentes y que puedan alterar el valor, como pueden ser:

- No encontrar alguno o algunos de los elementos a tasar.
- Encontrar otra marca comercial distinta de la indicada en el inventario recibido previamente, o alteraciones en su estado físico.

Valor de Tasación:

Mediante una tabla se aplicarán los valores obtenidos de mercado, de vida útil, y se determinarán para cada elemento el Valor de Tasación y el Valor de Uso.

Aquí hemos introducido un nuevo concepto: el **Valor de Uso.**

Imaginemos que no tenemos ordenador y que nos ofrecen a muy buen precio un monitor de 17 pulgadas. Ciertamente es muy barato, pero ¿qué valor de uso tiene? Ninguno, dado que no podemos usarlo. Pero esto cambia si a continuación nos venden también el ordenador. Ahora nuestro monitor ha adquirido un Valor de Uso.

> Esto sucede con frecuencia al tasar un grupo de elementos que, a pesar de ser elementos con valor individual, conforman entre sí un todo que de forma separada carece de valor; o bien tienen un valor reducido que, sin embargo, aumenta en su conjunto.

Este valor de uso es muy útil para evaluar, en caso de subastas, la conveniencia de vender el grupo completo de elementos o venderlos por separado.

Son otros ejemplos los juegos de sillas y mesas, la maquinaria de un taller con una determinada actividad, etc., etc.

Fecha, nombre y firma del tasador:

> También es frecuente adjuntar una Ficha resumen con los datos más relevantes:
>
> * Número de Tasación y/o Expediente.
> * Solicitante y Finalidad de la Tasación.
> * Titular del bien.
> * Identificación del bien.
> * Método de valoración utilizado.
> * Valor de tasación.

Vamos a analizar de nuevo un caso real.

Ejemplo

Se trata del mobiliario de una cafetería que saldrá a subasta pública.

1.-OBJETO DEL INFORME

El objeto del informe es la valoración de la maquinaria y el mobiliario del restaurante propiedad del Sr. _____, en la calle _____ , nº_____, término municipal de _____ _____, provincia de _____, según la relación expuesta en el siguiente apartado por encargo que realiza _____ a la Sociedad de Tasaciones T-Taso, S.A.

2.-TITULAR

   D. _____

3.-DESCRIPCIÓN DE LOS APARATOS

El informe que presentamos guarda relación con su solicitud nº 1234567890/1, referida a la va-loración de los bienes embargados a D. _____ por la Dirección Provincial de la Tesorería de la Seguridad Social de _____ , URE nº _____ cuyo listado es:

1: 1 CAJA REGISTRADORA "ELCO-DATA" NT 2324
ESTADO: BUENO
¿EN USO?:   SÍ
OBSERVACIONES: NO
FOTO Nº: 1

2: 1 CAFETERA DOS BRAZOS "EXPOBAR"
ESTADO: BUENO
¿EN USO? :   SÍ
OBSERVACIONES: NO.
FOTO Nº: 2

3: 1 MOLINILLO CAFÉ INDUSTRIAL
ESTADO: BUENO
¿EN USO?:   SÍ
OBSERVACIONES: NO
FOTO Nº: 2

4: 1 NEVERA ACERO INOX. 2 PUERTAS 2 MTS
ESTADO: BUENO
¿EN USO?:   SÍ
OBSERVACIONES: La nevera localizada es de 3 puertas y de tipo "armario"
FOTO Nº: 3

5: 1 MUEBLE ACERO INOX. PARA CAFETERA
ESTADO: BUENO
¿EN USO?:   SÍ
OBSERVACIONES: NO
FOTO Nº :   4

6: 1 MÓDULO ACERO INOX 1 PUERTA 1 CAJÓN
ESTADO: BUENO
¿EN USO?:   SÍ
OBSERVACIONES: NO
FOTO Nº: 5

7: 1 NEVERA BAJO MOSTRADOR ACERO INOX 3 PUERTAS
ESTADO: BUENO
¿EN USO?:   SÍ
OBSERVACIONES: Se encuentra en la barra.
FOTO Nº: 9

8: 6 MESAS FORMICA 80X80
ESTADO: BUENO
¿EN USO?:   SÍ
OBSERVACIONES: NO
FOTO Nº: 10

9: 24 SILLAS DE MADERA
ESTADO: BUENO
¿EN USO?:   SÍ
OBSERVACIONES: NO
FOTO Nº: 10

10: 19 SILLAS MADERA TAPIZADA
ESTADO: BUENO
¿EN USO?:   SÍ
OBSERVACIONES: NO
FOTO Nº: 11

11: 1 TV "ELBE" 16"
ESTADO: BUENO
¿EN USO?.   SÍ
OBSERVACIONES: NO
FOTO Nº: 13

12: 1 VITRINA FRIGORÍFICA DE ACERO INOX DE 2 MTS
ESTADO: BUENO
¿EN USO?:   SÍ
OBSERVACIONES: La dimensión es de 1,50 mts.
FOTO Nº: 14

13: 1 COCINA INDUSTRIAL "REPAGÁS" 2 FUEGOS
ESTADO: BUENO
¿EN USO?:   SÍ
OBSERVACIONES: La encontrada es de 3 fuegos
FOTO Nº: 16

14: 1 PLANCHA INDUSTRIAL PEQUEÑA "MUNDIGÁS"
ESTADO: BUENO
¿EN USO?:   SÍ
OBSERVACIONES: NO
FOTO Nº: 17

El depositario es el señor _____ , con domicilio en la calle _____ , Nº ____, término municipal de _____, teléfono _____ , lugar donde se encuentran los bienes a tasar.

La materialización del trabajo se ha realizado mediante toma de contacto con el depositario en visita al establecimiento el día _____ de _____, recogida de datos, valoración y contraste con los valores del mercado del sector.

Los valores de tasación son el resultado de las utilizaciones conjuntas o aisladas de los diversos aparatos en la posición en que se encuentran o en otra distinta.

El "ESTADO BUENO" de los aparatos se considera como tal por encontrarse éstos en funcionamiento y con la antigüedad propia de cada uno de ellos.

La asistencia prestada por el depositario que nos recibió puede considerarse normal.

OTRAS CONSIDERACIONES:

CONSIDERACIONES SOBRE LA EMPRESA UTILIZADORA DE LOS APARATOS:

En la actualidad, y según manifestaciones del Sr. _____, la actividad principal de la maquinaria e instalaciones es la de restaurante. La maquinaria se encuentra ubicada en el mismo establecimiento. Las instalaciones generales presentan un estado aceptable-bueno.

CONSIDERACIONES SOBRE EL "ESTADO BUENO" DE LA MAQUINARIA:

1.-Los aparatos se encuentran en funcionamiento.
2.-El mantenimiento o reparación se realiza en empresas especializadas.

4.-PROCEDIMIENTO DE VALORACIÓN

Desde el punto de vista del trabajo de campo, se ha mantenido una reunión con el Sr. _____.

Se han inspeccionado conjunta e individualizadamente todos los aparatos, tomando los datos técnicos y fotografiando cada uno de los elementos.

Desde el punto de vista de los criterios observados de valoración, se han considerado los siguientes:

Criterios de reposición

Centrándonos en aspectos como:

Antigüedad.
Estado bueno.
Obsolescencia técnica.
Criterios de mercado

Contraste con los representantes de los fabricantes del mismo tipo de productos.

Se calculará la tasación por su valor de uso; es decir, valor en el estado en que se encuentra. No se ha tenido en cuenta el precio de venta por considerar que no existen costes de desmontaje y posterior montaje que pudiesen modificar sensiblemente el precio de uso. También se calculará su valor a nuevo.

Estimando una vida útil de 5 años, y considerando que los aparatos tienen una antigüedad de entre 2 y 5 años -que equivale a un 40% de su vida útil en el primer caso, y a ningún valor en el segundo-, y en función de su estado, aplicaremos al valor de mercado un coeficiente igual a 0,6 para los del primer caso, mientras que a los del segundo caso se les aplicará un valor estimado de valor residual de un 10% del valor de mercado.

De igual forma, para homogeneizar los valores obtenidos en los distribuidores y fabricantes, y debido a la existencia de condiciones de venta preferenciales dependiendo del montante de la operación, para hallar el valor a nuevo aplicaremos un coeficiente reductor de 0,9 al valor de mercado. Este valor obtenido servirá como base para la depreciación y para obtener el valor de tasación.

5.-INCIDENCIAS

De acuerdo con lo manifestado por el depositario, el elemento n° 9 no existe, por lo que no será tenido en cuenta.

6.- VALOR DE TASACIÓN

El valor estimado según el criterio que se ha expuesto es:

ELEMENTO	Valor de Mercado (1) (UM)	Coef. De Amorti-zación	Valor Resi-dual (Si/No)	Valor de Uso (UM)	Valor de Tasación (UM)
1.- 1 Caja registradora	120	0,6	NO	84	72
2.- 1 Cafetera 2 brazos	300	0,6	NO	210	180
3.- 1 Molinillo café	60	0,6	NO	42	36
4.- 1 Nevera Aº Iº 2 ptas.	80	0,6	NO	56	48
5.- 1 Mueble Aº Iº cafetera	100	0,6	NO	70	60
6.- 1 Módulo Aº Iº	80	0,6	NO	56	48
7.- 1 Nevera bajo mostrador	300	0,6	NO	210	180
8.- 6 Mesas formica	60	0,7	NO	42	42
9.- 24 Sillas de madera	120	0,7	NO	84	84
10.- 19 Sillas tapizadas	152	0,8	NO	106	121
11.- 1 TV 16"	50	0,5	NO	35	25
12.- 1 Vitrina frigorífica	400	0,6	NO	280	240
13.- 1 Cocina ind. 2 fuegos	100	0,5	NO	70	50
14.- 1 Plancha industrial	50	0,5	NO	35	25
TOTALES	**3.227**			**2.258**	**1.985**

(1) Con el coeficiente de dispersión aplicado.

VALOR DE USO TOTAL:
DOS MIL DOSCIENTAS CINCUENTA Y OCHO UNIDADES MONETARIAS (2.258 U.M.)

VALOR A NUEVO TOTAL (MERCADO):
TRES MIL DOSCIENTAS VEINTISIETE UNIDADES MONETARIAS. (3.287 U.M.)

VALOR DE TASACIÓN TOTAL:
MIL NOVECIENTAS OCHENTA Y CINCO UNIDADES MONETARIAS (1.985 U.M.)

En _____, a ____ de _____ de aaaa

El Técnico   La Sociedad de Tasaciones

3.3. RESUMEN Y COMENTARIOS

Hemos comenzado esta tercera entrega diciendo que los derechos reales son aquellos que se ejercen de forma directa e inmediata sobre la cosa y cuyo cálculo es directo por aplicación del Código Civil o la legislación correspondiente.

Y que tales derechos se pueden clasificar como:

- De goce y disfrute.
- De garantía.
- De adquisición preferente.
- De traspaso.
- De indemnización.

Acto seguido, nos hemos introducido de lleno en las valoraciones administrativas:

- Usufructo, uso y habitación.
- Servidumbre de paso.
- Traspasos.

    Llamamos "traspaso" al bien intangible representado por el valor que adquiere una determinada actividad comercial por razones de situación geográfica, exclusividad, etc.

- Concesiones.

    Se trata de un acto de la Administración Pública por el que se concede a un particular el uso exclusivo de algún bien de dominio público.

A continuación, hemos pasado a la Valoración de Bienes Muebles: Vehículos y Mobiliario -que nos hemos atrevido a definir como otra vertiente interesante de las valoraciones- que se presentan, en la mayoría de los casos, ligadas a embargos y/o subastas por impagos a la Administración Pública (Tesorería de la Seguridad Social, Delegación de Hacienda, etc.). Para llevar a cabo estas valoraciones utilizamos el Método de Comparación.

Con las tres unidades vistas podemos decir que ya poseemos unos conocimientos básicos. En la siguiente, veremos la valoración de inmuebles, la estrella de las valoraciones.

1.- En la valoración de bienes muebles se aplica el método

        A.- Residual Dinámico

        B.- De Coste

        C.- De Comparación

2.- Las Concesiones Administrativas se caracterizan por:

        A.- El abono de un canon anual al propietario (por lo general la Administración Pública).

        B.- Los inmuebles afectados no tienen valor de reversión.

        C.- Al final del período de la concesión, el concesionario adquiere en propiedad el inmueble.

3.- Para calcular el derecho de Usufructo se debe tener en cuenta:

        A.- Que solo es válido para fincas rústicas.

        B.- El Valor de Reposición del Inmueble.

        C.- La edad y el sexo del o los usufructuarios.

4.1. VALORACIÓN DE INMUEBLES

Con todo lo visto hasta ahora estamos en condiciones de empezar a analizar los distintos casos de valoraciones para entidades financieras, que son, como dijimos al inicio del curso, las más habituales en la vida laboral y objetivo de este manual. Por ello, sin más preámbulos, comenzamos a aplicar nuestros conocimientos.

4.1.1. Suelo no rústico.

Aún no hemos tocado el tema del suelo y ésta es una buena ocasión para hacerlo.

Para la ECO existen dos niveles urbanísticos para los terrenos, sean o no urbanizables (Art 4):

- Nivel II

  Terrenos clasificados como "no urbanizables" en los que no se permita edificar para usos diferentes a su naturaleza agrícola, forestal, ganadera o que estén ligados a una explotación económica permitida por la legislación vigente.

  Terrenos clasificados como "urbanizables" que no estén incluidos en un ámbito de desarrollo del planeamiento urbanístico o que estándolo, no se hayan definido en él las condiciones para su desarrollo.

- Nivel I

  Los que no pertenezcan al Nivel II.

Llamamos Suelo Urbano o Urbanizable a aquél susceptible de aprovechamiento urbanístico en virtud de la normativa que le afecte, y que puede ser:

- Plan General de Ordenación Urbana.

  Habituales en grandes núcleos urbanos.

- Normas Subsidiarias.

  Para los municipios sin Plan General, que se acogen a las Normas de la Comunidad Autónoma.

Ley del Suelo.

La del Estado Español y/o las adaptaciones que realizan las CC.AA.

En cuanto su tasación, la ECO estipula:

Suelos de Nivel I

Se utilizará el Método de Comparación (el valor ajustado, si fuese el caso)
En caso de no poder utilizarse este, se utilizará el Método del Valor Residual
Si el suelo esta sujeto a explotación económica no agropecuaria, se utilizará el
Método de Actualización de Rentas.

Suelos de Nivel II

Se utilizará el Método de Comparación, sin considerar su posible utilización urbanística
Si no fuera posible, su valor máximo será el catastral.

Por último, en la página web del Ministerio de Vivienda (http://www.mviv.es/,
en el menú "Normativa") disponen de un completísimo listado de la legislación
urbanística vigente, tanto estatal como de las CC.AA.

4.1.1.1. Metodología de cálculo.

Aplicamos el método de comparación y, en caso de carecer de mercado o bien
si se trata de un caso singular, aplicamos el método residual.

4.1.2. Viviendas. Locales. Oficinas.

Cuando hablamos de estos inmuebles, nos referimos siempre a los que se
encuentran terminados. El caso de los que estén en fase de construcción lo
analizaremos en el punto 4.1.4. Promociones inmobiliarias.

4.1.2.1. Metodología de cálculo.

Aplicamos el método de comparación para hallar el valor de mercado y, a continuación, el método del coste para hallar el CRB y el CRN y la determinación del coeficiente K. Para inmuebles en alquiler, utilizaremos uno de los métodos de capitalización de rentas.

4.1.3. Naves industriales.

La valoración de naves no difiere de la de una vivienda: el procedimiento es el mismo, con la posible incidencia de que se trate de una nave emplazada sobre un terreno de propiedad pública en concesión, también analizado.

Ha de tenerse en cuenta que, en las tasaciones para entidades financieras, sólo tasamos los elementos e instalaciones no desmontables, esto es, embargables.

4.1.3.1. Metodología de cálculo.

Ídem punto 4.1.2.

4.1.4. Promociones inmobiliarias.

La particularidad que tienen este tipo de tasaciones es que, en realidad, debemos calcular dos valores de tasación: el actual, en el momento de realizar la tasación y de acuerdo a los porcentajes de unidades de obra ejecutadas, y el valor al final de la construcción, al que llamamos *Hipótesis de edificio terminado*.

4.1.4.1. Metodología de cálculo.

Para el primero debemos calcular su CRB (que por ser un edificio nuevo será igual al CRN); tarea fácil ya que contamos con el proyecto visado, o, mejor aún, con el presupuesto de la constructora.

Partiendo de los costes de construcción más gastos por unidad de superficie (referida ésta siempre a m^2 de obra) y con el dato del coste del solar (referido también a su repercusión por m^2 construido), calculamos, mediante medición en obra de los porcentajes de cada unidad realmente ejecutada hasta la fecha, el CRB o Coste de Reemplazamiento.

$$\text{Coste Reemplazamiento} = (C_c + G_s) \times p + C_s$$

donde

C_c = Coste de construcción.
G_s = Gastos.
p = Porcentaje de obra ejecutada.
C_s = Coste del suelo.

Para determinar el valor del inmueble en hipótesis de edificio terminado, simplemente debemos calcular su Valor de Mercado de la forma habitual.

4.2. VALORACIÓN DE VIVIENDAS PROTEGIDAS [26]

4.2.1. Introducción.

Las viviendas de protección oficial son la opción ofrecida por el Estado para el acceso de los ciudadanos a una vivienda. Para ello éste estipula, entre otras cosas, una serie de características cualitativas y económicas en cuanto a su construcción y comercialización.

La característica económica es el llamado **Módulo**, que determina el precio base de venta del m^2 construido. Este valor base se ve afectado por coeficientes mayorantes de acuerdo a una zonificación realizada por el Ministerio de Fomento por Comunidad Autónoma y Provincias.

La característica en cuanto a su construcción es la limitación en las superficies, tanto de vivienda como de anexos.

4.2.2. Cálculo del Valor Máximo Legal

Las viviendas de protección constituyen un caso particular en la normativa hipotecaria. En éstas, en lugar del valor de mercado, tenemos el Valor Máximo Legal (VML), un valor administrativo calculado de acuerdo a la legislación de protección oficial a la que esté acogido el inmueble.

Este valor representa el precio máximo al que la Administración permite la venta de estas propiedades y la duración de dicho valor en el tiempo. Esta formado por el MBE (Módulo Básico Estatal) afectado por el coeficiente que determine la Comunidad Autónoma donde se emplaza la vivienda, de acuerdo a una zonificación. Este coeficiente podrá ser de hasta 1,6 para viviendas nuevas y dependerá de los ATPMS, es decir de los Ámbitos Territoriales de Precio Máximo Superior, que en estos momentos son tres: Grupo A, Grupo B y Grupo C. [27]

---

[26] La información siguiente esta referida al Plan Estatal de vivienda y rehabilitación (PEVyR) 2009-2012, vigente a mayo de 2012.

[27] Para vivienda usada los coeficientes son aún mayores dentro de cada grupo. Ver Art.º 11, RD 2066/2008.

En el momento de preparar esta documentación, mayo 2012, el PBN es 758,00 €/sup. Útil [28]

En una Vivienda Protegida, el valor de tasación nunca podrá superar el valor máximo legal. En la estimación del valor máximo legal incide de forma importante el cómputo de superficie. Las superficies no pueden exceder los 90 m^2 útiles. Los criterios para su medición son, con independencia que las reales sean superiores:

La totalidad del espacio interior de la vivienda con altura libre superior a 1,5 m.
El 50% de las superficies exteriores (cubiertas o no), hasta un máximo del 10% de la útil interior.

Y para los anexos:

La superficie útil máxima de garaje es de 25 m^2 en sótano o cerrados en superficie. Y será de 20 m^2 para plazas en superficie de parcela y abiertos
La superficie máxima de garaje de motocicletas es de 5 m^2 en plazas subterráneas y 3 m^2 en espacios abiertos.
La superficie útil máxima de trastero es de 8 m^2

Computando como tope máximo de esta superficie, el 60% de la superficie de la vivienda. [29]

Resumiendo, la superficie total computable no puede exceder de 90 m^2 x 1.6, es decir, de 144 m^2.

El cálculo del valor máximo legal se reduce a aplicar a las superficies útiles de vivienda y anexos consignadas en la cédula de calificación, los precios máximos de venta vigentes en el momento de la valoración para esa área geográfica y tipo de régimen.

Podemos conocer el tipo de régimen por la escritura, gracias el número de expediente. Con este número nos pondremos en contacto con la delegación de la Comunidad Autónoma con competencias en viviendas de protección (por lo general, será la relacionada con Obras Públicas, Arquitectura, etc.), donde nos podrán informar de qué tipo de protección se trata, qué tiempo de vigencia tiene, año de aprobación, etc.

---

[28] RESOLUCIÓN de 28 de febrero de 2012, Secretaría de Estado de Planificación e Infraestructuras. En la Comunidad Autónoma de Canarias se incrementará en un 10%.
[29] 50% si son garajes en superficie de parcela y abiertos.

Veamos un caso práctico.

Se trata de determinar el valor de una vivienda de protección oficial en un municipio calificado por la Comunidad Autónoma como ATPMS Grupo A, con una superficie útil de 90,00 m^2, un garaje de 18,25 m^2 y un trastero de 4,50 m^2, según datos de la cédula de calificación, que también nos proporciona el régimen de aplicación.

Régimen General, área geográfica 1ª, coeficiente de aplicación: 1,45 [30]

Precio máximo de Venta Vivienda: 758,00 €/m^2 x 1,45 = 1.099,10 €/m^2
Precio máximo de Venta Anexos: 659,46 €/m^2 (60 % del anterior)

Valor Máximo Legal:

Vivienda: 90,00 m^2 x 1.099,10 €/m^2 = 98.919,00 €
Garaje: 18,25 m^2 x 659,46 €/m^2 = 12.035,15 €
Trastero: 4,50 m^2 x 659,46 €/m^2 = 2.967,57 €

Valor Máximo Legal = 113.921,72 €

Debemos comparar este valor con el de mercado (o el del coste, si no existiese mercado), y el menor será nuestro valor de tasación.

---

[30] Depende de cada Comunidad Autónoma, así también como las zonas o regiones en las que esta se subdivida. En este caso es un valor ficticio. Este es el coeficiente multiplicador del PBE vigente.

4.3.1. Introducción

Llamamos fincas rústicas a aquéllas en las que el aprovechamiento urbanístico no es posible. Son aquellos suelos clasificados como no urbanizables cuyo aprovechamiento económico es su actividad agraria.

Es primordial conocer el aprovechamiento agrícola más productivo del suelo atendiendo a sus características climatológicas y geológicas, independientemente de lo que exista en la actualidad. Si desconocemos este aprovechamiento podemos hacernos una idea observando fincas cercanas, consultando a los vecinos, o incluso en las Delegaciones de las CC.AA con competencias en temas agrícolas, donde nos podrán indicar qué tipo de explotación corresponde a la zona en cuestión gracias a una suerte de mapas de cultivos elaborados por ellos mismos.

Este tipo de valoraciones suele acarrear la dificultad de la localización de las fincas, debido a la escasa cartografía de zonas rurales de que disponen algunos municipios. Incluso podría darse el caso de que, una vez localizadas, el inconveniente sea su correcta medición debido a la inexistencia de lindes fiables, ya sea por su vegetación exuberante o por su orografía. Para este tipo de fincas, y si su extensión lo justifica, es recomendable utilizar instrumentos ópticos para la medición.

En la ECO están definidos los apartados del informe de tasación, así como el contenido de los mismos y la metodología de cálculo, por lo que no vamos a repetirlos. Pero sí resaltaremos que:

Pueden existir elementos constructivos o instalaciones (no desmontables) vinculadas a la explotación y otras no vinculadas.

Se debe constatar la existencia de pozos, servidumbres y cualquier otro elemento que pueda afectar al valor.

Puede que convivan masas de cultivo con rentabilidad distinta.

Sabido esto, el proceso de tasación consiste en valorar por separado las instalaciones y/o edificaciones -dependiendo de si están o no ligadas a la explotación- y las masas de cultivo.

El valor de las edificaciones vinculadas será el menor entre el de mercado y el CRN.
Para las no vinculadas será el valor de mercado.
Para las masas de cultivo será el menor entre el de mercado y el resultante de la capitalización de su rendimiento esperado.

4.3.2. Metodología de cálculo.

Se trata de aplicar el método de comparación para hallar el valor de mercado, y el de capitalización de rentas para hallar su rendimiento económico. El valor de tasación será el menor de éstos.

Transcribimos un caso real:

INFORME DE VALORACION

Nº VALORACION: 000

Nº EXPEDIENTE: 2012-0000

TIPO DE BIEN: FINCAS RUSTICAS

EMPLAZAMIENTO: Lugar de XXX

TERMINO MUNICIPAL: XXXXX

PROVINCIA: XXXXXXXXX

CODIGO POSTAL: 00000

CONTENIDO DEL INFORME

0.- OBJETO DEL INFORME

1.- IDENTIFICACION

2.- FINALIDAD Y NORMATIVA

3.- LOCALIDAD Y ENTORNO

4.- TERRENO

5.- DESCRIPCIÓN DE LAS FINCAS

6.- REGIMEN DE TENENCIA Y OCUPACIÓN

7.- INFORMACIÓN DE MERCADO

8.- CALCULOS DE VALORES TÉCNICOS

9.- ADVERTENCIAS Y CONDICIONANTES

10.- VALOR DE TASACIÓN

11.- FECHA Y FIRMA

0.- OBJETO DEL INFORME.

El objeto del presente informe, es determinar el VALOR DE TASACIÓN de 3 fincas rústicas situadas en municipio de Xxxxxxx, provincia de Xxxxxxx, en el lugar conocido como xxxxxxx a petición de XXXXXXXXX S.L.

1.- IDENTIFICACIÓN

Debido a que las fincas a tasar poseen una serie de características comunes, procedemos a definir estas para luego particularizar las concretas de cada parcela.

1.1.- Situación

Municipio:
Comarca:
Provincia:
Todas las parcelas se encuentran a una distancia de 6 Km del centro del municipio. Los accesos a las fincas son buenos desde pistas de tierra en buen estado de anchura superior a 3 m.

1.3.- Datos registrales

Registro de XXX, Sección: XXXX, Libro: xxx, Tomo: xxx, Folio: xxx
Finca xxxx, Parcela 1.

Registro de XXX, Sección: XXXX, Libro: xxx, Tomo: xx, Folio: xx
Finca xxx, Parcela 2.

Registro de XXX, Sección: XXXX, Libro: xx, Tomo: xx, Folio: xx
Finca xx, Parcela 3.

1.4.- Datos catastrales

Debido a que se trata de una concentración parcelaria, se adjuntan los planos suministrados por el ente administrativo que regula este tipo de actuaciones, el Instituto Nacional de Reforma y Desarrollo Agrario.

Polígono 9, parcelas 1 y 2
Polígono 10, parcela 3

2.- FINALIDAD Y NORMATIVA

2.1.- Finalidad

Asesoramiento.

2.2.- Normativa

Modificaciones de la circular del Banco de España 4/1.991, Ley del Mercado Hipotecario de 25 de Marzo de 1.981, Real Decreto Ley de 27 de Marzo de 1.982 y Orden Ministerial ECO/805/2003 y sus modificaciones.

2.3.- Criterio de Valoración:

El criterio de valoración empleado, es el de actualización, debido a los escasos testigos localizados. A este valor de capitalización se le aplican coeficientes de minoración y mayoración en función de su caracterización particular.

3. - LOCALIDAD Y ENTORNO

3.1.- Localidad

Xxxxx:	10.363 Hab.
Tendencia demográfica:	Estable
Nivel de renta:	Medio
Sup. Término Municipal:	167,43 Km^2
Densidad población:	61,5 hab./Km²
Actividad:	Agrícola

3.2.- Entorno

Situado en la Comarca de xxxxxxxxxx, cuya base económica es la agropecuaria, y más concretamente las actividades relacionadas con la producción y explotación de ganado vacuno destinado a la obtención de leche y/o carne. Por tanto el cultivo más frecuente son las praderas y los cultivos forrajeros.

En los terrenos menos aptos para su utilización agrícola, se efectúa un aprovechamiento forestal con árboles autóctonos tipo roble y castaño y no autóctonos como el pino.

La dimensión predominante de las parcelas es de tamaño pequeño, explotadas por la propiedad. El núcleo de aprovisionamiento, venta y transformación más cercano es Xxxxxxx.

Las comunicaciones son suficientes, comunicada con todos los pueblos y ciudades que la rodean, por carreteras comarcales y locales.

Las fincas objeto de valoración forman parte de una concentración parcelaria.

4.- TERRENO

4.1.- Superficie

Se tendrá en cuenta a la hora de valorar las parcelas independientemente.

4.2.- Infraestructura Interior

No existe.

5.-DESCRIPCIÓN DE LAS FINCAS

5.1.- Clima y orografía

Clima:

El clima de la zona es Atlántico húmedo. Los valores medios de sus variables climáticas son los siguientes:

- temperatura media anual:	10,8º C
- temperatura media del mes más frío:	3,6º C
- temperatura media del mes más cálido:	20,8º C
- período de heladas:	2 meses
- precipitación media anual:	1.200 mm.
- humedad relativa media:	90%

5.2.- Características agrológicas

Los terrenos se encuentran en una colina con una ligera pendiente, variable según la parcela, y orientados hacia el oeste.

Tipo de Suelo

El suelo en la zona es del tipo limo arenoso, y de textura media.

Resumen Agronómico del Suelo

El suelo es de calidad media-buena.

- Vegetación

La vegetación natural en zonas próximas es atlántica, con bosques de robles y castaños y matorrales de retama y tojo.

5.3.- Cultivos

La alternativa de cultivo más idónea y rentable en la zona sería la de praderas o cultivos forrajeros tipo maíz destinados a la alimentación de ganado vacuno.

5.4.- Edificaciones

No existen, salvo aclaración particular.

5.5.- Agua

Algunas parcelas poseen afloramientos de agua o lindan con cauces.

5.6.- Ganadería

No existe ganadería en la finca.

6.- RÉGIMEN DE TENENCIA Y OCUPACIÓN

Parte de las parcelas son aprovechadas como pradera y las demás no se encuentran cultivadas, creciendo en ellas matorrales.

Servidumbres y otros derechos

La finca xxx goza de una servidumbre de acueducto sobre la finca xxx.

Normas Urbanísticas

Según la información suministrada por el Ayuntamiento de xxxx, todas las parcelas se encuentran en suelo calificado como rústico

7.- INFORMACIÓN DE MERCADO

Realizados estudios y contactos con fincas de terrenos similares de la zona, la estimación general y esta en particular, es estable.

Terrenos testigo:

IDENTIFICACION	SUPERFICIE (HA)	VALOR UNITARIO U.M./HA
Finca próxima dedicada a pradera	0,35	50.000
Finca dedicada a pradera	1,5	40.000
Valor medio		**43.600**

8.- CÁLCULO DE VALORES TÉCNICOS

Se empleará el método de capitalización de las rentas actuales debido a la inexistencia de testigos suficientes.

8.1   Valor de realización

Se identifica con el precio que podría conseguirse en el mercado por la venta de la finca objeto de la presente tasación, lograda en un periodo razonable de tiempo, siendo las partes libres e informadas.

Teniendo en cuenta lo descrito en los apartados anteriores en lo que respecta a la calidad agronómica de la finca, así como la tradición agrícola en las poblaciones colindantes donde podemos cubrir la mano de obra tanto cualificada como sin cualificar, así como la maquinaria moderna de explotación en empresas de servicios.

Se ha llevado a cabo una investigación en el sector sobre fincas similares dedicadas a pasto, similares a las estudiadas, obteniéndose como valor más representativo el de 43.600 UM./Ha.

8.2   Método de Actualización

Se define como tal la estimación del precio que un empresario medio estaría dispuesto a pagar por la adquisición de la finca en función de sus expectativas de rendimiento derivadas de la explotación de la misma.

Se calcula capitalizando la renta imputable a la finca. El valor de capitalización de la renta imputable a la tierra se calcula actualizando a una determinada tasa de capitalización la renta anual imputable a la misma considerada como perpetua.

Como tasa de capitalización (i) utilizaremos i = 4 %

Análisis Técnico-Económico.

Para el análisis técnico - económico tomaremos el cultivo de Maíz forrajero.

Maíz

Concepto de Gastos	UM/Ha y año
Subsolador y roturación	15,00
Plántulas	40,00
Labores de Plantación	120,00
Labores varias	210,00
Total Gastos	**385,00**

Concepto de Ingresos	UM/Ha
Producción 36T/Ha de forraje x 50 UM/T	1.800,00
Total Ingresos	**1.800,00**

Margen Bruto	**1.415,00 UM/Ha**

Teniendo en cuenta la rentabilidad de la finca obtenida en el análisis Técnico - Económico y capitalizando, obtendremos un valor unitario por hectárea de cultivo de:

$$V = R/i = 1.415 / 0,04 = \textbf{35.375 UM/Ha}$$

Consideraciones particulares.

I.- Debido a las condiciones particulares de cada parcela respecto a las demás, aplicaremos coeficientes de mayoración o minoración en función de las condiciones particulares de cada parcela con el fin de obtener un coeficiente de homogeneización.

CONDICION PARTICULAR	COEFICIENTE DE MAYORACION	COEFICIENTE DE MINORACION
Afloramiento acuífero	1,3	
Pendiente mayor del 15%		0,5
Matorrales		0,7
Proximidad a cauce de agua	1,1	

II.- Construcciones en ruinas.

Debido a que una de las parcelas incluye un hórreo mixto de piedra y madera, consideramos para este un valor medio de mercado, en función del número de pies.

Precio por pie: 740 UM.

9.- ADVERTENCIAS Y CONDICIONANTES

ADVERTENCIAS:
La información urbanística ha sido de manera verbal, por lo que la misma queda supeditada a la obtención de cédula urbanística que confirme los supuestos contemplados.

CONDICIONANTES:
No se han podido comprobar los datos registrales y la descripción de la finca 2.

10.- VALOR DE TASACIÓN

10.1.- Parcela 1 polígono 9

Datos Finca:
- Finca numero xxxx
- Polígono 9
- Paraje: xxxxxxxxxx
- Superficie total 3.420 m².
- Dedicación: Pradera
- Otros: Acuífero

Coeficiente de mayoración por afloramiento acuífero: 1,3
Coeficiente de Homogeneización: 1,3

VALORACIÓN DE LOS BIENES

IDENTIFICACION	SUPERFICIE (HA)	VALOR UNITARIO UM/HA	COEF. HOMOG.	VAL. UNIT. HOMOG. UM/HA
Finca testigo		35.375	1,3	45.987,50

Resultando por tanto un Valor Total de la finca de:

V_T Valor de la tierra = 45.987,50 UM/Ha x 0,342 Ha = 15.727,73 UM.

Valor Total de Realización: 15.727 UM.

10.1.- Parcela 2 polígono 9

Datos Finca:
- Finca numero xxxx
- Polígono 9
- Paraje: xxxxxxx
- Superficie total 1.400 m².
- Dedicación: Pradera
- Otros: Acuífero

Coeficiente de mayoración por afloramiento acuífero: 1,3
Coeficiente de Homogeneización: 1,3

VALORACIÓN DE LOS BIENES

IDENTIFICACION	SUPERFICIE (HA)	VALOR UNITARIO UM/HA	COEF. HOMOG.	VAL. UNIT. HOMOG. UM/HA
Finca testigo		35.375	1,3	45.985,50

Resultando por tanto un Valor Total de la finca de:

V_T Valor de la tierra = 45.985,50 UM/Ha x 0,14 Ha. = 6.437,97 UM.

Valor Total de Realización: **6.438 UM**

10.1.- Parcela 3 polígono 10

Datos Finca:
- Finca numero xxx
- Polígono 10
- Paraje: xxxxx
- Superficie total 700 m².
- Dedicación: Matorral
- Hórreo de 4 pies

Coeficiente de minoración por matorral: 0,7
Coeficiente de Homogeneización: 0,7

VALORACIÓN DE LOS BIENES

IDENTIFICACION	SUPERFICIE (HA)	VALOR UNITARIO UM/HA	COEF. HOMOG.	VAL. UNIT. HOMOG. UM/HA
Finca testigo		35.375	0,7	24.762,50

Resultando por tanto un Valor Total de la finca de:

Valor de la tierra = 24.762,50 UM/Ha x 0,07 Ha = 1.733,38 UM.
Valor Hórreo = 4 x 740 = 2.960 UM.
V_T = 4.693,38 UM

Valor Total de Realización: **4.693 UM.**

CUADRO RESUMEN

Finca nº	Parcela nº	Valoración (UM)
1	Xxxx	15.727
2	Xxxx	6.438
3	xxxx	4.693

11.- FECHA Y FIRMA

Fecha de visita: xx de agosto de xxxx,
Fecha del informe: xx de agosto de xxxx
Persona que realiza la visita : xxxxxxxxx xxxxxxx xxxxxx

Fdo.: xxxx xxxxx xxxxx
Ingeniero Técnico Agrícola
   Colegiado nº: xxx

4.4. CERTIFICACIONES DE OBRA

4.4.1. Introducción.

Es frecuente que el proceso iniciado por el promotor inmobiliario con la solicitud del préstamo hipotecario continúe con la realización, por parte de un técnico cualificado, de las certificaciones de obra para que, de este modo, la entidad bancaria pueda hacer entregas del montante del préstamo acordado de forma progresiva y en conformidad con la obra ejecutada.

4.4.2. Metodología de cálculo.

El procedimiento es de lo más sencillo, ya que habitualmente se parte de la certificación de obra realizada por el técnico del promotor (que suele ser el Aparejador) para el abono al constructor y/o control de los plazos.

Nuestro trabajo consistirá en la revisión de esa certificación de obra, o en la realización de toda la medición de la obra ejecutada hasta la fecha, en caso de no contar con aquélla, así como en la toma de fotografías y en la elaboración de un sencillo informe destinado a la entidad bancaria como justificante técnico para liberar las cantidades solicitadas por el promotor, mes a mes.

Un informe tipo podría ser el siguiente:

INFORME DE SEGUIMIENTO

SEGUIMIENTO DE OBRA
INFORME DE SEGUIMIENTO DE OBRA

SITUACION
CALLE XXXXXXXXX
EDIFICIO
TÉRMINO MUNICIPAL DE XXXXX
PROVINCIA DE XXXXXX

VALORACION Nº 2
XXXXXXXXX, A____DE_____DE 2012

PETICIONARIO :
BANCO XXXXXXXX, S.A.

VALORACION Nº	2
FECHA	/ /2012
PAGINA	01 DE 03

INFORME DE SEGUIMIENTO DE OBRA

1.PETICIONARIO

Entidad   BANCO XXXXXXXXX, S.A.
Solicitante PROMOCIONES XXXXXXXXXXX, S.L.
C.I.F.   B-11111111111

2.PRELIMINARES

El presente informe se realiza sobre un edificio multifamiliar en bloque abierto sito en la calle XXXXXX del término municipal de XXXXXXXXXX.

Se ha realizado la visita con fecha X de XXXX de 2012, confrontando la obra construida con el certificado de la dirección facultativa aportado por la propiedad.

Se han realizado unidades de obra referentes a movimiento de tierras, cimentación y de estructura, y se ha comenzado con la albañilería.

VALORACION Nº	2
FECHA	__ / __ /2012
PAGINA	02 DE 03

3. DESGLOSE UNIDADES DE OBRA

Capitulo	Presupuesto UM	% representa	%	Presupuesto Ejecutado UM	% realizado
Movimiento de tierras	4.495.258	2,30	100	4.495.258	2,30
Cimentación y solera	12.746.304	6,52	100	12.746.304	6,52
Saneamiento horizontal	433.541	0,22	100	433.541	0,22
Estructura	27.861.092	14,25	100	27.861.092	14,25
Cubierta	3.217.467	1,65	0	0	0,00
Albañilería	31.642.903	16,18	20	6.328.581	3,24
Fontanería	11.037.598	5,64	0	0	0,00
Electricidad	11.860.712	6,06	0	0	0,00
Calefacción	8.347.853	4,27	0	0	0,00
Solados y alicatados	11.034.645	5,64	0	0	0,00
Carpintería exterior	6.959.161	3,56	0	0	0,00
Fachada	5.056.100	2,59	0	0	0,00
Parquet	6.549.743	3,35	0	0	0,00
Carpintería interior	14.146.976	7,23	0	0	0,00
Instalación de ascensores	5.928.188	3,03	0	0	0,00
Pintura	3.929.357	2,01	0	0	0,00
Urbanización	15.371.104	7,86	0	0	0,00
Varios	14.946.589	7,64	25	3.736.647	1,91
TOTAL	195.564.591	100,00		55.601.423	28,44

VALORACION Nº	2
FECHA	/ /2012
PAGINA	03 DE 03

4. DIFERENCIA DE CERTIFICACIONES

Certificación nº 2	55.601.423 UM
Certificación nº 1	33.834.536 UM
Diferencia	**21.766.887 UM**

5.CONCLUSIONES

Por todo lo anteriormente expuesto y analizada la documentación que se acompaña como complemento en el presente informe, el que suscribe D. Xxxxxxxxxxx Xxxxxxxxxxxx Xxxxxxx, Aparejador, perteneciente al Colegio Oficial de Aparejadores de XXXXXXXXXXXXX, colegiado nº 000 y actuando en nombre de la entidad TASACIONES, S.A.

CERTIFICA

Que al día de la fecha y previa visita de inspección a las obras del inmueble ubicado en la calle XXXXXXXXXX, perteneciente al término municipal de XXXXXXXXXX, se ha ejecutado un montante de obra de 55.601.423 UM.

Y para que así conste, firmo la presente certificación en XXXXXXXXXXXX a _ de _____ de 2012.

Xxxxxxxxxx Xxxxxxxxx Xxxxxx
    Aparejador
    Col. 000

En esta entrega hemos profundizado en la aplicación de los conocimientos que fuimos adquiriendo en las entregas anteriores.

Comenzamos con los solares y su tipología según la ECO:

Nivel II

Terrenos clasificados como "no urbanizables" en los que no se permita edificar para usos diferentes a su naturaleza agrícola, forestal, ganadera o que estén ligados a una explotación económica permitida por la legislación vigente.

Terrenos clasificados como "urbanizables" que no estén incluidos en un ámbito de desarrollo del planeamiento urbanístico o que estándolo, no se hayan definido en él las condiciones para su desarrollo.

Nivel I

Los que no pertenezcan al Nivel II.

Seguidamente, hemos comentado su metodología de valoración para continuar con otros tipos de valoración:

Viviendas, locales y oficinas.

Naves industriales.

Promociones inmobiliarias.

Viviendas protegidas.

El cálculo del valor máximo legal se reduce a aplicar a la superficie útil registral de vivienda y anexos los precios máximos de venta vigentes en el momento de la valoración para esa área geográfica y tipo de régimen.

Suelo rústico.

Certificaciones de obra.

Nuestro trabajo consistirá en la revisión de la certificación de obra o en la realización de toda la medición de la obra ejecutada hasta la fecha, en caso de no contar con aquélla, así como en la toma de fotografías y en la elaboración de un sencillo informe destinado a la entidad bancaria como justificante técnico para liberar las cantidades solicitadas por el promotor, mes a mes.

Con esto damos por finalizados los métodos y metodologías de cálculo. En la siguiente y última entrega veremos aspectos relacionados con la actividad propiamente dicha del tasador.

¿Quiénes pueden tasar?

Si nos ceñimos al ámbito de las tasaciones para entidades financieras, los únicos capacitados legalmente para firmar una valoración son los titulados medios y superiores de Arquitectura e Ingeniería, esta última en sus ramas de Caminos, Industriales, Agrónomos y de Montes.

Como regla básica, podemos decir que cada titulación podrá tasar lo que sus competencias profesionales le permitan proyectar y firmar.

Por lo tanto, todo tipo de construcción con destino a vivienda y/o comercial será competencia exclusiva de Aparejadores y Arquitectos; todo lo que se refiera a construcción no comercial ni de viviendas, de Ingenieros de Caminos, Ingenieros Técnicos de Obras Públicas, Ingenieros Industriales y Peritos Industriales; las obras civiles de los Ingenieros de Caminos e Ingenieros Técnicos de Obras Públicas; y, por último, todo lo referente a fincas rústicas, de los Agrónomos e Ingenieros de Montes.

Pero también es muy importante el sentido común y la prudencia de nuestras apreciaciones y criterios. Especialmente teniendo en cuenta la repercusión que una valoración puede tener en el ámbito social, como en el caso de una expropiación, y también económico, como, por ejemplo, cuando se trata de un crédito hipotecario para una empresa o particular.

Como dice el experto en valoraciones Antonio Llano Elcid: "...la osadía y la ligereza son malos acompañantes de las valoraciones".

Por otro lado, es necesario disponer de información y conocimientos. Tal y como comentábamos en la primera unidad didáctica, debemos conocer el mercado de nuestro ámbito de trabajo, tanto de compraventa como de arrendamientos, al igual que los costes de construcción implicados, y así sabremos qué calidad de vivienda se construye en nuestra zona y cómo utilizar adecuadamente nuestros coeficientes de homogeneización.

TRABAJANDO COMO TASADOR/A

Primeros pasos.

Un buen comienzo -después de haber leído este manual, claro está-, podría ser el envío del Currículum Vitae a todas las Sociedades de Tasación homologadas por el Banco de España (algunas las podremos obtener del listado que tiene ATASA en su web).

Las Sociedades de Tasación están incorporando constantemente nuevos tasadores a sus delegaciones -en algunas más que en otras debido a la demanda de la zona- en la modalidad de profesionales independientes o autónomos.

Son más solicitados los tasadores para viviendas (Arquitectos y Aparejadores) que el resto. Y si bien ambos técnicos pueden firmar estos informes, es más frecuente encontrar Aparejadores en esta labor.

Por lo que respecta a la cuestión económica, se suele estipular un importe mínimo en concepto de honorarios por tasación, y un porcentaje sobre la tarifa que cobre la empresa al cliente si se excede de un mínimo establecido. A esto debemos agregar los gastos de desplazamiento, que se considerarán como tal siempre y cuando el inmueble a tasar se encuentre a una distancia superior a un determinado radio estipulado de 'x' kilómetros, que se cuentan desde nuestro centro de trabajo. Todo esto se liquida de forma mensual, bimestral o trimestral, según la empresa de que se trate.

Tengo trabajo!

Por lo general, el proceso para elaborar el informe de una tasación comienza con la recepción en nuestro estudio de un encargo que nos realiza la Sociedad o Sociedades para la/s cual/es trabajamos, que, a su vez, lo han recibido de la entidad bancaria y/u organismo cliente. En él, podrían constar una serie de datos:

- Dirección del inmueble a tasar.
- Superficie.
- Solicitante.
- Propietario.
- Teléfono de contacto.

Después de concertar una cita con el cliente, con cámara fotográfica y cinta métrica en mano, vamos a hacer nuestra tasación.

Es frecuente que la entidad bancaria cliente de la Sociedad de Tasaciones, pero con la que mantenemos un estrecho contacto, nos haga consultas telefónicas sobre valores del m^2 de inmuebles en alguna zona determinada para poder cerrar una operación en ese momento, o para dar una respuesta a un potencial cliente, previas a la solicitud de la tasación propiamente dicha. Estas consultas pueden materializarse incluso en un pequeño e informal informe, por decirlo así, en el que proporcionamos esos datos. Digamos que es a modo de "servicio al cliente".

Desde hace unos años han aparecido en el mercado una serie de aplicaciones informáticas que facilitan la elaboración del informe de tasación, reduciendo el tiempo utilizado en ciertas partes del susodicho informe bastante tediosas, como son: aspectos del entorno, descripción del inmueble, etc.; y otras que implican cálculos matemáticos (valor de mercado, depreciación, etc.), así como el mantenimiento de una base de datos de testigos. Actualmente todas las sociedades de tasación tienen algún tipo de software para sus tasadores. Algunas tienen aplicaciones de desarrollo propias y otras han adaptado a sus necesidades alguna existente en el mercado. Sin duda, el liderazgo lo tiene la empresa Borsan, S.A., de Madrid, pionera en este tipo de aplicaciones.

Actualmente varias Sociedades de Tasación ofrecen la posibilidad de encargar tasaciones a través de sus páginas web. Y algunas sociedades de tasaciones utilizan Internet para que sus tasadores elaboren el informe de tasación mediante la introducción de los datos de campo online, con el software hospedado en sus servidores.

Direcciones útiles.

"Ministerio de Economía - Letras del tesoro"
http://www.tesoro.es
Sitio oficial para conocer el tipo de interés de la deuda pública actual y datos históricos.

"Ministerio de Vivienda"
http://www.mviv.es
Sitio oficial para obtener datos sobre VPO, novedades legislativas, etc.

"Asociación Hipotecaria Española"
http://www.ahe.es
La información más completa sobre el mercado hipotecario español y europeo. Normativa que lo regula, principales datos estadísticos y de coyuntura, informes sobre su situación y evolución, etc.

"Euroval"
http://www.euroval.es
Eurovaloraciones, S.A. Excelente portal que citamos por brindar abundante información de mercado.

"Atasa"
http://www.atasa.com:
Asociación Profesional de Sociedades de Valoración. Agrupa a todas las sociedades de tasación homologadas por el Banco de España y, por lo tanto, autorizadas para trabajar con entidades financieras. Ofrece una relación muy útil de todas las sociedades integrantes con enlaces a sus portales en Internet, además de la legislación vigente.

Hemos terminado con nuestro curso.

Sabemos que hemos dejado cosas en el camino. No hemos querido profundizar en temas urbanísticos, porque estimamos que ya son conocidos por los técnicos y no queríamos ser excesivamente tediosos, además de consistir en una legislación bastante localista. Tampoco hemos comentado nada sobre las tasaciones catastrales, ni de las tasaciones que regula la Ley de Suelo, ni sobre expropiaciones, ni sobre las peritaciones judiciales, ya que, como adelantábamos al inicio, sólo pretendíamos ofrecer una serie de conocimientos, fruto de nuestra experiencia, con el objeto de ayudar a los que deseen empezar a dar sus primeros pasos en las tasaciones destinadas a entidades financieras con fines hipotecarios; es decir, bajo la cobertura legal de la ECO y sus modificaciones.

Para los más rigurosos e inquietos existe mucha bibliografía y buena, sin olvidar que la Sociedad de Tasaciones para la que trabajes siempre contará con un departamento técnico para tus consultas y el mejor desarrollo de tu trabajo.

Por lo que sólo nos resta desearte... ¡Felices tasaciones!

FUENTES CONSULTADAS

Legislación.

España. Ley 29/1994, de 24 de noviembre, *Boletín Oficial del Estado,* 25 de noviembre de 1994, num. 282, p. 36129.

España. Ley 6/1998, de 13 de abril, *Boletín Oficial del Estado,* 14 de abril de 1998, num. 98, p. 12296.

España. Real Decreto-Ley 5/1996, de 7 de junio, *Boletín Oficial del Estado*, 8 de junio de 1996, num. 139, p. 18971.

España. Real Decreto 1020/1993, de 25 de junio. *Boletín Oficial del Estado,* 22 de julio de 1993, núm. 174, p. 22356.

España. Real Decreto 775/1997, de 30 de mayo. *Boletín Oficial del Estado,* 13 de junio de 1997, num. 141, p. 18155.

España. Real Decreto 2066/2008, de 12 de diciembre. *Boletín Oficial del Estado,* 24 de diciembre de 2008, num. 309, p. 51909.

España. Real Decreto 1713/2010, de 17 de diciembre. *Boletín Oficial del Estado,* 18 de diciembre de 2010, num. 307, p. 104343.

España. Orden ECO 805/2003, de 27 de marzo. *Boletín Oficial del Estado,* 9 de abril de 2004, num. 85, p. 13678.

España. Corrección de errores de la Orden ECO/805/2003, de 27 de marzo, *Boletín Oficial del Estado*, 20 de mayo de 2003, num. 120, p. 19218.

España. Orden EHA/3011/2007, de 4 de octubre, *Boletín Oficial del Estado*, 17 de octubre de 2007, num. 249, p. 42123.

España. Orden EHE/564/2008, de 28 de febrero, *Boletín Oficial del Estado*, 5 de marzo de 2008, num. 56, p. 13308.

España. Resolución de 4 de marzo de 1966, de la Dirección General de Impuestos Directos. *Boletín Oficial del Ministerio de Hacienda,*18 de marzo de 1966.

España. Resolución de 3 de octubre de 2000, de la Dirección General de Seguros y Fondos de Pensiones. *Boletín Oficial del Estado*, 11 de octubre de 2000, num. 244, p. 34882.

Libros.

BALLESTERO, Enrique. RODRÍGUEZ, José Ángel.
El precio de los inmuebles urbanos.
Madrid: Cie Inversiones Editoriales Dossat 2000, 1998. 331 p.
ISBN 978-84-930016-2-9.

GARCÍA PALACIOS, Alberto.
Peritaciones municipales.
Madrid: Editorial Agrícola Española, S.A., 1999. 288 p.
ISBN 978-84-85441-56-3.

GARCÍA PALACIOS, Alberto. GARCÍA HOMS, Alejandro.
Práctica de la Peritación
Madrid: Editorial Agrícola Española, S.A., 1996. 261 p.
ISBN 978-84-85441-38-9.

LLANO EL CID, Antonio.
Valoraciones Inmobiliarias: El Manual Práctico
Bilbao: Ediciones inmobiliarias Llano, 1995 (2ª ed. actualizada y revisada). 264 p.
ISBN 978-84-920007-0-8.